本色历史

不知历史者，无以图未来

中国古代改革家丛书

铁血帝王
雍正

寒江独钓◎著

中国铁道出版社有限公司

CHINA RAILWAY PUBLISHING HOUSE CO., LTD.

图书在版编目（CIP）数据

铁血帝王：雍正 / 寒江独钓著 . — 北京：
中国铁道出版社，2016.11（2022.1重印）
ISBN 978-7-113-22227-7

Ⅰ.①铁… Ⅱ.①寒… Ⅲ.①雍正帝（1678-1735）
—传记Ⅳ.① K827=49

中国版本图书馆 CIP 数据核字（2016）第 189680 号

书　　名：**铁血帝王：雍正**	
作　　者：寒江独钓　著	
责任编辑：田　军	电　　话：（010）51873012
编辑助理：奚　源	电子信箱：tiedaolt@163.com
装帧设计：天下装帧设计	
责任印制：赵星辰	

出版发行：中国铁道出版社有限公司（北京市西城区右安门西街8号 邮编100054）

印　　刷：永清县晔盛亚胶印有限公司

版　　次：2016年11月第1版 2022年1月第2次印刷

开　　本：710mm×1000mm　1/16　印张：12　插页：1　字数：196 千

书　　号：ISBN 978-7-113-22227-7

定　　价：36.00元

清宫戏泛滥，雍正帝很忙！

这句话最好地概括出雍正皇帝——爱新觉罗·胤禛在中国媒体上的火爆程度。这些影视、文学作品既有正说雍正，也有戏说雍正。普通百姓对他则是或爱或贬，毁誉参半。

如果我们公正地点评雍正一生，就会发现他这个人太有性格，太有传奇色彩，太有男人气概，也太有帝王之威了，换句时髦的话来讲——雍正全身都是戏啊！

雍正就是那种让人看过一眼就不会轻易忘记的人。承继大位前，雍正给人的印象是一副吃斋念佛、与人无碍的样子，但实际是他有天才的头脑和强大的野心，还有当断则断、快刀斩乱麻的大英雄气概。雍正善于掩饰自己内心真实的想法，总是用笑容隐藏高深莫测的心思，情绪自我控制能力非常高。用现在的说法就是，雍正"腹黑"到了极致。

在那场角逐帝位的大战中，诸皇子为求储位，各结私党，钩心斗角极为激烈，争夺趋于白热化。太子胤礽是两立两废；八阿哥胤禩意图太过明显被康熙斥责疏远。此时还是四阿哥的雍正表面上是不问世事，沉迷释教，自称"天下第一闲人"。

他与诸兄弟维持和气，向康熙展露孝心和实干。他在查堵江南盐税漏洞、治理黄河水患等方面取得杰出的成就。与此同时，雍正在暗中与年羹尧、隆科多等人来往，悄悄组建了自己的势力集团。最终，雍正赢得了康熙的信任。

康熙一生大权在握，文治武功灿然，但特别是在后期，困于盛世的形式，疏于教导群臣，导致当时朝廷内外吏治松弛，贪风日盛。大清朝表面上一团和气，实则隐患重重。

康熙意识到大清朝在他之后需要一位铁腕人物来振纲除弊。雍正的锐意进取、不向权贵低头、为民谋利的战斗精神与品质和宵衣旰食、亲力亲为的作风，使康熙对他逐渐满意和认可，最终将帝位传给曾经不被外界看好的雍正。

雍正是一个敢为天下先的人。即位后，他清醒地知道自己的目标和前进道路上要克服什么样的障碍。雍正勇敢地向一些利益集团发动了猛烈的回击。他雷霆万钧地向八阿哥党、十四阿哥党以及年羹尧集团发起攻击。在扫除君权威胁同时，雍正义无反顾地对大清王朝进行了全方位的改革。

他向腐败吏治开炮，打击科甲朋党，欲"将唐宋元明积染之习尽行洗涤"。为建立强有力的中央财政，他在全国大规模地开展了清查亏空、取缔陋规等多项工作，甚至迫使当时的皇亲权臣不得不或拍卖自家的财产或借债以补偿国家的亏空。雍正从当时实际出发，大力反腐，开创了中国历史上为数不多的一朝清廉之风。"雍正一朝，无官不清"，是对雍正吏治改革的最好评价。

雍正是中国历史上独特的一位乾纲独断的大改革家，也是一位敢于硬碰硬的勇士。他的整顿吏治、清理钱粮、摊丁入地、扩大垦田、火耗归公、设银养廉、创立军机处、革除旗主、平定青海、安定西藏、改土归流等改革举措，促进了生产发展、经济繁荣和边疆巩固，使国库充盈，社会稳定，统一增强。

雍正的改革内容和结果，在一定程度上调节、缓和了国家累积的社会矛盾，造就了那个时代比较清明的政治态势，促成了国力的强盛和多民族国家的融合与巩固，发展了康熙朝政治中的清明成分，促进了大清王朝的持续发展。雍正的励精图治和成就斐然的改革为乾隆创"大清全盛之势"，提供了极为有利的条件。

"康乾盛世"是中国古代文明的巅峰，雍正是康乾盛世成型的关键人物。康乾盛世应该称为"康雍乾盛世"，尽管康熙和乾隆总共执政了一百二十四年，夹在中间的雍正时代只有短暂的十二年八个月，短到足以让人们忽略其存在。

在位期间，雍正每天睡眠不超过四个小时，只有过生日那天才给自己放一天假。他单在奏折上就批了一千多万字，是全部《资治通鉴》字数的三倍多。仅此一点，说雍正是中国历史上最勤奋、最有作为的君王都不为过。考虑到这个事实，人们对雍正的卓越成就、超凡智慧和改革精神，对他的执政团队奋发进取的实干作风，不能不肃然起敬！

雍正曾一度在民间和野史中多遭贬斥，形象不佳。这与他性格中的另一面和一些做法，特别是对待对手的做法有关。雍正的成长环境和经历造就了他锐利、坚定、强硬、实干，但也让他冷漠孤寂，多疑刻薄，对人不信任，常突发暴躁。雍正以铁面著称，刑罚严酷，从"宪皇帝"的谥号中也可窥得一二。雍正对国家弊端深恶痛绝，对民间疾苦颇为关怀，但对他的敌人有时简直就是"魔鬼化身"。他甚至用极其粗俗丑恶的语言永久丑化他所痛恨的人。

不能被同时代的人理解大概是所有致力于推进改革的人都有的痛苦，雍正也是苦不堪言，他仍然做了反击——《大义觉迷录》是雍正为自己写的辩护词。

终其一生，尽管一些做法被人诟病，雍正确是一个敢作敢为、奋发图强、锐意进取的帝王，是对中国历史发展做出了积极贡献的君主，是中国封建历史上为数不多的最杰出帝王之一。雍正和他轰轰烈烈的改革大业，将中国最后一个封建王朝推向了乾隆时代的极盛……

雍正帝生平大事年表

1678 年，爱新觉罗·胤禛出生，生母乌雅氏（谥号孝恭仁皇后），出生后由佟佳氏（谥号孝懿仁皇后）抚养。

1683 年，胤禛入尚书房读书。

1686 年，胤禛首次随康熙皇帝出巡。

1691 年，胤禛奉父命与费扬古女乌喇那拉氏（谥号孝敬宪皇后）成婚。

1696 年，康熙皇帝亲征噶尔丹，胤禛随同出征，掌管正红旗大营。

1698 年，胤禛受封贝勒。

1702 年，胤禛、胤礽、胤祥随康熙皇帝朝圣五台山。

1708 年，康熙皇帝一废太子，这次事件中，胤禛表现得八面玲珑，得康熙皇帝称赞。

1709 年，胤礽复立为太子，胤禛封雍亲王，获赐圆明园。

1711 年，爱新觉罗·弘历出生。

1712 年，康熙皇帝二废太子，诸皇子蠢蠢欲动，角逐从此进入白热化，此后多年间胤禛一面以淡泊超然之态出现在同辈面前，一面以实干和孝心博取康熙皇帝的欢心。

1718 年，十四阿哥胤禵受封抚远大将军，领军出征西北。

1721 年，胤禛前往盛京（今辽宁省沈阳市）祭祖。

1722 年，康熙皇帝将弘历养育宫中；十一月，康熙皇帝驾崩，胤禛即位，以次年为雍正元年；一个月后即下诏三年内清补钱粮亏空。

1723 年，成立会考府，查核动支钱粮事宜；送康熙皇帝棺椁葬景陵，将十四阿哥允禵（为避讳改名）囚禁于此；以年羹尧为抚远大将军，征讨罗卜藏丹津；秘密立储弘历。

1724 年，推行绅民一体当差纳粮、劝农、耗羡归公、养廉银等制度，颁布《御制朋党论》。

1725 年，将年羹尧降为杭州将军，再以九十二条罪名令年羹尧自尽。

1726 年，八阿哥允禩（为避讳改名）、九阿哥允禟（为避讳改名）被革除宗籍，并改名"阿其那""塞斯黑"。两人皆于同年去世。

1727 年，开福建海禁；以四十二条大罪将隆科多圈禁。

1728 年，张熙投书岳钟琪，岳钟琪上奏曾静案，大狱兴起。

1729 年，以广东蜑民为良民，准许上岸居住；颁《大义觉迷录》，令曾静讲解；因西北用兵，设军机房，即以后的军机处。

1730 年，十三阿哥允祥（先避讳改名，去世后雍正改回，乾隆再改）病逝，雍正临丧所，令配享太庙。

1733 年，封弘历为宝亲王、弘昼为和亲王。

1735 年，雍正皇帝驾崩，弘历即位，以次年为乾隆元年。

书中主要官名注释

铁帽子王：清朝皇族中世袭原封爵位的亲王，即"世袭罔替"，一共是十二家，礼亲王、郑亲王、睿亲王、豫亲王、肃亲王、庄亲王、克勤郡王、顺承郡王、怡亲王（从胤祥开始）、恭亲王、醇亲王、庆亲王。

贵妃：清代后妃排名是，皇后一人，居中宫，皇贵妃（即副后）一人，贵妃二人，妃四人，嫔（乌雅氏是德嫔时生雍正）六人，贵人、常在、答应人数无限制。

军机大臣：雍正七年设军机房，八年改名军机处，设有军机大臣，正式的称呼是"军机处大臣上行走""军机处大臣上学习行走"，统称"办理军机大臣"，简称军机大臣，领班军机大臣后成为事实上的首辅。

大学士：康熙恢复内阁，设大学士等职，大学士仍冠以殿阁之名。清初有四殿（中和殿、保和殿、文华殿、武英殿）二阁（文渊阁、东阁），乾隆时去掉中和殿，增设体仁阁，为三殿三阁。

抚远大将军：大将军是战时最高军事统帅，由皇帝特派，专事征伐，战争结束撤销，除抚远大将军外，清代大将军还有奉命大将军、定国大将军、扬武大将军、定边大将军、宁远大将军、靖远大将军等，一些封号只授予过一人。

理藩院尚书：理藩院负责西北等地民族事务，兼办对俄罗斯外交，体制和六部相同，由理藩院尚书统管，乾隆设管理院务大臣，由大学士兼任。

领侍卫内大臣：禁旅八旗中侍卫皇室的亲军，从上三旗中挑选，以勋戚大臣统领，称领侍卫内大臣，下设内大臣、散秩大臣、一等侍卫、二等侍卫、三等侍卫等。

总督：清代正式确立为地方最高长官，通常统掌若干省区文武、军民，总理军政，直隶总督被称"疆臣之首"，另有漕运总督、河道总督等管理特定事务的总督。

　　巡抚：清代正式确立为省级地方政府长官，总揽一省军政。

　　八旗都统：分别执掌满、蒙、汉八旗，为一旗的最高长官，既负责军务，也负责民事。

　　步军统领（九门提督）：全称"提督九门巡捕五营步军统领"，统帅八旗的步军营和绿营的巡捕五营（雍正时是三营），掌管京师正阳、崇文、宣武、安定、德胜、东直、西直、朝阳、阜成等九个城门内外的守卫巡警等事务，并负责巡逻稽查外城和京郊等地。

　　太医院院使：太医院掌医药卫生，主要为宫廷服务，通常由院使执掌，下面有左右院判，乾隆时曾设立管理院事王大臣做太医院最高长官。

　　御前侍卫：乾清门内的内廷侍卫包括御前侍卫、御前行走、乾清门侍卫、乾清门行走等，由御前大臣统领。

　　笔帖式：清代各中央机构所特有，最初因满、蒙、汉文一同使用而设，职微但人数众多，专管笔札、收发，多由满人担任，升迁很快，被称为"八旗出身之路"。

Contents

目录

第一章　皇子养成

康熙十七年十月三十日，也就是 1678 年 12 月 13 日，这本是一个极为寻常的日子却因一件事变得不平常——在北京紫禁城内永和宫，一个小生命正准备降生。

连续几天大雪纷飞，北京城早已是银装素裹。永和宫里快步进出的宫女、接生婆和太医等均神色凝重。宫里这些人虽然忙碌，但是井然有序，严格的清宫内府戒律早已将这些人训练得服服帖帖。尽管伺候主子不是那么容易的，但是这些人早已经驾轻就熟，习以为常了。他们用目光或者极低的声音进行着短暂交流，不打招呼就几乎觉察不到他们的存在，整个永和宫大多时候是静悄悄的！

永和宫为紫禁城东六宫之一，位于承乾宫之东、景阳宫之南。永和宫东西有配殿各三间，配殿的北侧皆为耳房。后院正殿名为同顺斋，两侧各有耳房，东西也有配殿。就在前院东配殿北侧的一间耳房外，两个太监正低眉顺眼、打着寒颤伫立在檐下的甬道上，等着产房里的消息。

此时耳房内待产的主子是刚年满十九岁的满洲正黄旗护军参领威武之女乌雅氏。乌雅氏其母族世居东北吉林、辽北一带，以地为姓氏，是女真族最古老的姓氏——唐末女真"通用三十姓"之一。乌雅氏祖上原是隶满洲镶蓝旗包衣。她的祖父额参曾任膳房总管，是内务府包衣，在那个时代这个身份属于微贱。乌雅氏一族不属于实力派，虽然姓氏血脉源远流长，但是乌雅氏族内一直没有杰出的人才，因此在女真部族里比较受排挤。

为了部族的发展，乌雅氏一族开始将族内美女送入皇宫服侍皇帝，

希望走后宫路线壮大自身，这也不失为一个良策。从顺治皇帝开始，大清开始有了"选秀"的制度，不过参与的门槛是非常高的，不在旗的女子，不管多漂亮、多有才学也不能参加；而凡在旗的适龄女子却是都别想逃脱。选秀每三年举办一次，满、蒙、汉军八旗官员、另户军士、闲散壮丁家中年满十四至十六岁的女子，都必须参加。

乌雅氏就是这样进入皇宫的。此时，待产的乌雅氏只是被康熙临幸过的一名普通宫人而已。由于乌雅氏聪明多姿，态度谦和，为人处世得当，引来了康熙皇帝的注意，有幸侍奉皇上，并得到了皇上的喜爱。虽然乌雅氏在后宫里面貌不过中人以上，但是身材异常丰腴饱满，青春光彩难以掩抑。忽一日，康熙看着乌雅氏端茶倒水的时候，感觉自己身体里突然腾起一股犀利的欲望。十八岁的乌雅氏被康熙临幸了，也算她福源甚广，很快便孕化雨露，怀上龙子。这不仅让乌雅氏喜出望外，也让她的母族看到了曙光。在那个一荣俱荣的时代，母凭子贵，会让整个部族都跟着受益的。因此，乌雅氏一族无不翘首以盼这位皇子的到来。他们甚至想到了如果生个女孩的结局，但是这个坏念头只一闪而过，怕想多了真的妨碍了主子。

白山黑水中健康成长的乌雅氏身体强健，她不像宫中某些女人那样难于受孕或者容易流产，怀孕初期依然做着一些分内的杂务。此时的乌雅氏还没有什么特别的身份，直到怀孕三个多月了，才被掌管后宫的贵妃佟佳氏准许养胎，被安排住进了永和宫，并分派了宫女太监伺候。

佟佳氏，贵妃身份，满洲镶黄旗人，是朝廷内实力派，领侍卫内大臣、承恩公、国舅佟国维的女儿，世祖孝康章皇后的亲侄女，算起来她也是康熙帝的嫡亲表妹。这个关系在后宫够硬的，几乎是权倾后宫了。本来在她之上是有一位皇后的，可是就在年初二月二十六日，孝昭仁皇后钮祜禄氏抱病而亡，因此，后宫地位最高的贵妃佟佳氏就开始统摄六宫事。

掌管后宫大权的佟佳氏几次亲自探望乌雅氏，并赏赐了诸多礼物，连带着她的母族都得到了好处。乌雅氏每日早睡晚起，安心养胎。宫内的规矩多，纷争也多，她小心翼翼地维护着自己的一片小天地，盼着孩

儿的到来。

冬日里，连着几天大雪满天，气温骤降，乌雅氏越发觉得身子沉重，预感要临盆。传来接生婆之后，便一刻紧上一刻了，太医也到了，不一会康熙派来听信的太监也出现在院子里。

就在众人进进出出，准备接产的时候，产房内突然传来乌雅氏大声喊叫的声音，还没等接生婆派上用场，就听到"哇哇"的婴儿哭声……

生产如此顺利，不仅让接生婆瞠目结舌，也让太医们失去了立功的机会。这也许是源自乌雅氏的健康体魄，她的一生也证明了"能生孩子"这一优点——她为康熙先后生下三子三女。

守候在屋外的两个太监以及其他永和宫的宫女都急切地想知道乌雅氏诞生的是"龙子"还是"龙女"？每个宫女都很紧张，她们的主子心情想必是更复杂了。

片刻间，一个宫女出来报喜："乌雅小主生了皇子。"

两个太监道了喜之后，便匆匆离去；其他宫女也高兴散去。不一会，康熙的口谕和赏赐就到了；内务府的人给永和宫送来很多物件和补品摆放在耳房内。

乌雅氏居住的耳房比较朴素，厚重古朴的大门上挂着棉质的软帘，靠着墙壁是几组雕花镂空的红木家具，椅子上是手工缝制的坐垫，几案上的鹿头樽插着精制纨扇，各色花式瓷瓶插着新摘的暖棚鲜花，还有几盆高大的绿叶花卉摆放在墙边，给人一种生命盎然之感。室内温暖如春，在室内的一隅，有一个炭火通明的小火炉，靠它散出热气，调节室温。

一大堆的赏赐礼物摆满几案，看着着实令人羡慕。在榻上休息了大半天之后，乌雅氏便要起身，那些身着锦服的宫女和裹着灰布长袍的太监连忙劝阻，可是拦不住，只好侍候她洗浴、更衣、净面、盥手，继而上茶、上瓜果点心等。因为乌雅氏有了喜事，所有服侍的人都很开心，向乌雅氏说着吉利的话，讨些赏赐。乌雅氏也命贴身的侍女拿出早已准备好的礼物一一打点。乌雅氏丝毫没有产后萎靡的疲态，她亲自处理着其他宫里妃嫔们送来的礼物和问候，还和几个要好的登门讨喜的姐妹说

说笑笑。自然，娘家那边早已经派人去送信了，少不得又是许多问候和礼物送进来。

这一天，乌雅氏是早就期待了。她知道，伴随着这个阿哥的出生，她的命运也会改变。傍晚时分，忙了一天公务的康熙来到永和宫探望乌雅氏母子。

康熙刚走进耳房，乌雅氏便上前按照大清礼仪给康熙施了礼。康熙忙扶着她坐在暖床上，抱过婴儿，边看孩子边和乌雅氏有说有笑。

乌雅氏欣喜之余，请康熙为孩子赐名。康熙斟酌再三，为这个孩子取名"胤禛"。"胤"本义为子孙相承续，预示康熙子孙绵延；"禛"是以至诚感动神灵而得福祐之意。康熙为婴儿取名"胤禛"，可见对他寄予希望。

胤禛自然排序为康熙第十一子，但齿序是第四子，所以胤禛后来被称为"四阿哥"。自然排序是指按自然生育的先后排列顺序，不论成人与否；齿序指的是出生后没有夭折，记入宗谱玉牒的皇子顺序。在胤禛前面有七个出生后夭折的阿哥。他们虽然贵为皇家子嗣，但是皇帝儿子的成长也不是一帆风顺的，总有些折损。

听到皇帝赐名"胤禛"，乌雅氏连忙下跪谢恩。康熙微笑着说："传旨，乌雅氏性格温顺，温婉淑良，品貌兼优，诞生龙子有功，即日起封为'德嫔'，择良日行册封之礼。"

乌雅氏连忙又磕头谢恩，康熙点头示意，闲叙几句后说："德嫔，朕今晚就在这里和你们母子一起用膳吧！"

乌雅氏得到了康熙准许传膳的谕旨后，连忙命令宫女传菜。四个秀丽的宫女端着托盘穿梭走进来，只见端上来的菜有：猪油炒白菜、猪肉炒芹菜、酱烧茄子、清蒸鲁虾、腌水焯酱瓜、水焯白菜心等。此外还有小米粥、馒头、豆沙包，最后竟然是一盘香喷喷的韭菜盒子。这可是乌雅氏亲自监工调制韭馅和面团，让宫女在油锅上用细火煎出来的。

康熙大悦："德嫔心细，知晓朕的喜好。外面飘雪，屋内食韭，有吉祥之意，很好。"他夹起一个两面煎得金黄酥脆的韭菜盒子，连吃几口，大赞不已。只见馅心韭菜鲜嫩，色泽美观，吃着清香，真是鲜美绝

伦的味道。

康熙对乌雅氏说:"韭菜,韭菜,寓意为'久财'。胤禛出生,大雪满天,此乃吉兆,希望胤禛长大后,能为我大清生财,为我大清理财,佑我大清国富民强。"也许是冥冥中自有天意,胤禛成年后,还真的为康熙操劳起钱财赋税,为大清国库充盈立下不世功劳。此外,胤禛一生饮食简单,不好美食,时常以康熙的饮食理念为准则,只吃寻常的家常便饭,罕有山珍海味,可以说深受康熙的影响。

据清宫资料记载,在康熙的饮食习惯中,他个人喜好的食物其实并不是牛羊、鸡豕之类的厚味,他喜爱的是鱼虾果蔬、农家小食、清新淡口的食物。康熙历来倡导:"养生之道,尤以饮食为要义,朕自御极以来,凡所供馔肴皆寻常品味。"他强调"适可而止",他说"所好之物,不可多食"。

乌雅氏知道康熙饮食规律,所安排的都是寻常饭菜。康熙尤其喜爱吃韭菜盒子,数九寒冬时经常食用。乌雅氏伺候康熙久了,深知他的饮食嗜好。她知道自己的小厨房再怎么奢靡,也达不到御膳房的饮食水准,甚至连其他妃嫔的小厨房也不如,索性便走个小清新路线,让康熙品尝一下特色农家菜。乌雅氏请娘家人多处学习做韭菜盒子的厨艺并传授给自己,她再不断琢磨、实践,终于做得一手好韭菜盒子。自从康熙吃过她做的韭菜盒子之后,就念念不忘。今天这个特别的机会,乌雅氏怎么会大意呢?拴住了皇帝的胃,那皇帝还不就总来她这里用餐吗?

康熙用膳后,心满意足,准备离开永和宫。临行前,他忽然说道:"按照我大清祖制,你现在德嫔的身份是没有资格抚养皇子的,所以胤禛满月后当由贵妃佟佳氏抚养。佟佳氏乃大族出身,在宫内地位尊崇,已经向朕请求抚养你的孩子。虽然她尚未生育皇子,但她慈爱贤德,生性善良,朕准了她的请求。胤禛跟着她也算名正言顺,毕竟佟佳氏是贵妃,对胤禛的成长大有益处。"

精心准备晚餐的乌雅氏本意就是想借此为孩子争取一个好的成长环境,对于不能亲自抚养胤禛,她是有心理准备的。当她得知是由佟佳氏抚养胤禛后,心里还是比较认可和接受的。乌雅氏知道,这样的安排对

胤禛来说是很幸运的。当时，大阿哥和三阿哥都被送到宫外的大臣家里抚养，只有二阿哥因为太子身份被养在宫中。

按照大清律，皇子们出生后，如果生母身份低微，她们的孩子要被抚养在阿哥所里，由乳母和谙达（教皇子骑射的师父）来教养。清皇室这种做法主要是防止后宫干政，虽然不近人情，却是祖宗制定的家法，所以历代清帝都严格执行这一制度。这也造成许多阿哥长大后和自己的生母不亲近，反而和养母、乳母更有感情。

即便是康熙当年也是这样的，他的亲生母亲顺治皇帝的佟妃都没来得及多看一眼自己的亲生骨肉就被奶妈抱走了。即便是日后佟妃偶尔见到康熙，也只能是母子匆匆相见，像做贼一样，想抱一抱孩子，囿于宫规的奶妈立刻拉下脸抱着孩子就走。佟妃被丈夫顺治帝冷落，又见不到自己的孩子，每晚只能独守空闱、以泪洗面。也许正是这种经历，使得她身体羸弱。直到康熙即位，她的地位才青云直上，与孝惠章皇后并称两宫皇太后。然而，还没有等到自己的孩子报答生养之恩，她就于康熙二年（1663年）撒手人寰，终年二十四岁。后来，康熙多次回忆佟妃，但他本来对佟妃并没有过深的印象，感情也不深。这也难怪，幼年的他和额娘没有过多的接触。康熙偶尔见到额娘，只能从她黯然的眼神中看到无限的忧伤。只有在他承继大统之后，他们母子才可以毫无障碍地相见，此后，他们母子的感情开始加深。然而，命运确对佟妃不公，她很快就因病而去，也许这正是大多数清朝后宫嫔妃不幸遭遇的缩影吧。

如今得康熙恩准，胤禛能被佟佳氏抚养，那就必定会留在宫里，自然会得到康熙更多的关照。这可是自太子之外康熙亲自教育的第二个皇子，对胤禛的成长是非常有利。同时，因为佟佳氏在后宫位份最高，胤禛的身价自然也会水涨船高。

乌雅氏连忙谢恩。她知道，只要胤禛还在宫里，日后和胤禛见面的机会就很多。虽然自己不能亲自抚养，但是作为生母还是可以对他施加影响的。

胤禛满月后，佟佳氏来到永和宫，和乌雅氏聊了会家常，赏赐了一些珠宝首饰，便起身离开。几个宫女走过来，其中的一个抱起了胤禛，跟在佟佳氏身后走了。

身份卑微，连自己的亲生骨肉都不能抚养，乌雅氏痛苦万分。她发誓一定要早日成为妃、贵妃、皇贵妃。皇后的身份她不敢奢望，也根本不可能，那不是她这个家族的实力能得到的。乌雅氏心里还有一个小心思，如今康熙宠爱自己，自己又能生，她要早日再怀上龙胎，也许下一个孩子就可以自己抚养了。

此后，乌雅氏将全部心思放在了康熙身上，因为宫规束缚，她不便与胤禛经常见面。乌雅氏怎么也没有想到，从这以后，随着时间的推移，她和胤禛之间的母子情越来越淡。长大后，胤禛与自己的亲生母亲、亲生弟妹等人很生分，反而跟自己的养母感情最深，对佟佳氏很依恋。究其一点，佟佳氏在胤禛身上也是耗费了一个母亲的所有感情，是真真切切抚育胤禛成长的真正的"皇额娘"。雍正即位之后，仍对佟佳氏的养育之恩念念不忘，可见是何等母子情深了。

转眼间，一年过去了，乌雅氏也正式被封为德嫔。佟佳氏虽是贵妃，得皇帝的宠爱很多，她的身体却不争气，一直没能怀孕。相反，乌雅氏就像一片肥沃的土地，春暖花开时她又开始养胎了，估计转过年后就又要生了。佟佳氏很羡慕乌雅氏，她自己无子，就对胤禛格外细心呵护，照料得无微不至，这让皇帝对她十分满意。

转过年来，也就是康熙十九年（1680 年）二月初五，乌雅氏在产房生下了皇六子胤祚（按齿序）。康熙龙颜大悦，重重赏赐了德嫔，大有晋封德嫔为德妃之兆，虽然还没有下旨，看这个形势，也是早晚的事。自从德嫔生下六阿哥之后，她对胤禛几乎不感兴趣了。因为胤祚体弱，康熙特许她可以多照看孩子一段时间，不忙送去阿哥所。整个春天，永和宫里都热闹非凡，德嫔受宠，巴结她的人也多了起来，连带着她的母族也跟着受益。

相比之下，景仁宫反倒冷清多了。胤禛懂事早，刚刚三岁，就口齿伶俐，说话头头是道，虽然还没到入学年龄，可是非常喜欢听佟佳氏讲故事。康熙对胤禛颇为喜爱，每次来景仁宫都会抱一抱胤禛，并且父子问答一番。康熙对佟佳氏管理后宫非常满意，这几日也流露出要封她为

皇贵妃的意思，这让佟佳氏激动万分……

天热得很快，北京城的夏天历来闷热、燥旱，是一年之中最叫人不舒服的季节。出生在冬季的胤禛十分怕热，只要气温升起来，他就烦躁不安，身上起痱子，还会面红耳赤。因此，胤禛成长和居住的环境都是趋向于阴凉的。

佟佳氏知道胤禛怕热，天还没热起来，一切解暑的玩意就都准备好了。康熙也深知妃嫔和皇子们炎炎夏日要遭受的烦恼，便有了在北京近郊兴建一处既能避暑同时又可以满足自己处理朝政的居所的想法，这便是建畅春园的由来。这一年夏天，康熙一边指挥清军剿灭吴三桂余孽，进军云南的战斗，一边为自己关爱的人想方设法地提供生活上的便利。

后宫里，遵康熙的旨意，内务府给各个妃嫔处都送来了冰块，令这些花容月貌的女子们静下心来。她们纳着凉，吃着冰镇的西瓜和各式清热散火的糕点，议论着后宫里的大事小情。

佟佳氏虽不是四阿哥的亲生母亲，但从她一接手抚养胤禛，就对这孩子的一切尽心照料，对其爱怜之深实属罕见。是为自己的未来铺路，还是为了对得住德嫔，或纯是为取悦皇上，博得个贤淑慈懿的美名，她自己也说不清，不过从一开始她就对这孩子有一种特殊的感情。这个世界上除了血浓于水的亲情外，还有那些不是亲生却超越亲生的母爱。佟佳氏抚养着胤禛，三年的守候成长已经将他们母子结成一个没有血缘却有一切情感的整体，因抚养而来的母子情缘非常深厚。

反倒是德嫔似乎已经有大半年没给胤禛送过衣物点心了，虽然景仁宫里并不缺少这几件衣物和点心，但是作为胤禛的生母，这样做却有点不近人情了。

时间过得很快，转眼间胤祚满十个月了，遵照祖制，佟佳氏命令阿哥所将胤祚抱去抚养。这一次，德嫔哭得更很伤心，和胤祚相处久了，她已经难以割舍这份母子情了。德嫔十分憎恨佟佳氏，不要说给她请安，即便只是看一眼都要气闷许久。德嫔憎恨佟佳氏，认为是佟佳氏在背地里搞鬼，私下里没少诅咒佟佳氏，这怨恨一日日加深，捎带着胤禛也不被德嫔喜爱。

宫中就是这样残酷，身份不尊，母子不能相聚，所以宫中女子都为了位份拼命倾轧。

佟佳氏已经正式升为皇贵妃，离皇后只有一步之遥，权势倾天；德嫔也晋升为德妃。胤禛因为佟佳氏的原因也身份显赫。都知道他是佟佳氏的心头肉，众人对胤禛都小心地伺候着。整个皇宫里，除了太子之外，也只有他最得康熙的宠爱了。

时间这么一晃，又是两年多的时光过去了，胤禛到了入学的年龄了。

从康熙二十二年（1683年），六岁的胤禛正式开始上学。皇子们此时上学的地方是宫中的尚书房。其后，在畅春园建成以后，康熙所住澹宁居旁的无逸斋成为皇子们主要读书的地方。

胤禛读书时的情况，大致就是这样吧：每天凌晨，胤禛便会被太监和宫女们叫起床，带着浓浓的睡意坐着轿来到无逸斋。无逸斋邻近康熙所住澹宁居，这位伟大的帝王不喜奢华，故命于无逸斋外种上庄稼，以告诫太子稼穑艰难之意。无逸斋中的学习氛围在一天中都很热烈。

为了让子孙有一个良好的生长环境，不至于为皇家权贵所累，大清王朝创造了最严格、最贵族化的"皇子养成"制度，那是当时世界其他任何国家都无法建立的最严谨最有层序的学习制度。即便放眼当今，中国数百万高考学子熬夜苦读，每天用于学习的时间有十多个小时，也还达不到大清皇子勤学苦练的强度。

大清王朝认为"严有益而宽有损""业精于勤而荒于嬉"，因此要求皇子的师傅们在教导皇子时"不妨过严，将来皇子长成自知也"。因此，皇子们虽身份高贵，但学习制度相当严格。清人吴振棫在《养吉斋丛录》中记载："我朝家法，皇子、皇孙六岁即就外傅读书。"清人赵翼在《檐曝杂记》中感叹："本朝家法之严，即皇子读书一事，已迥绝千古。"

这些身体还处于生长发育时期的孩童，不仅不能享受到家庭生活的温暖、父母的呵护，还被迫顺从各种戒规，内心很难得到安宁。胤禛虽然有佟佳氏的荫蔽，但是也不能逃脱这种近乎残酷的培养方式。后来每天他都要在无逸斋里度过十二个小时的时间，陪伴他的除了众位阿哥和师傅们之外，就是各色奴仆了。学习时间，奴仆们都要在就近的房间里

候着，只有到了午饭时间，这些奴仆们才可以过来问候一下小主子们。

胤禛虽小，课间的琐事都要亲力亲为，大小便都要自己解决，冬天的服装穿得厚重，而且很多层，方便的时候很麻烦。幸好，胤禛遇到了一个愿意照顾他的哥哥——二阿哥太子胤礽。

此时的胤礽已经十岁，他自小在宫里长大，许多奴才都围着他献殷勤。胤礽很聪明，也很沉稳，对人非常有礼貌，自幼接受的教育让他小小年纪就明白了很多大道理。对于和他一起在宫中生活的弟弟胤禛来说，胤礽不仅是他最喜欢的玩伴，也是可以说说悄悄话的好朋友。两个人相差四岁，因此胤礽渐渐成为胤禛的"教父"。在佟佳氏的影响和教育下，胤禛一直被灌输着长大后辅佐胤礽的观念，所以胤禛非常听从胤礽的安排，两个人的关系好得不得了。

相比之下，大阿哥胤禔人缘很差，他总是欺负弟弟们，只有对太子稍微客气点。三阿哥胤祉是个小学究，无论对大阿哥还是太子都很迁就，对胤禛也不敢招惹，毕竟胤禛有个一手遮天的皇额娘。再往下，还有五阿哥胤祺，很聪明。上面有四个龙精虎猛的哥哥，他很低调，不敢和他们相争。

凌晨四点，胤禛与其他皇子们准时坐在无逸斋里的座位上，摇头晃脑地吟诵着昨日学的诗词。为了培养他们，康熙亲自在朝廷的精英中为皇子们选定师傅：汉族师傅有张英、熊赐履、李光地、徐元梦、汤斌等一代大家名儒；满人师傅则是弓马娴熟、武艺出众的将官，他们负责教授满文和蒙古文，以及弓马骑射等技艺。

皇子们一天的学习就从这样的吟诵声中开始了，从凌晨四点起读，到下午四点放学，虽严寒酷暑而不辍。没有寒暑假，一年之中，除了端午、中秋、万寿节（皇帝生日）、皇子本人的生日可免入书房读书，除夕可以提早散学外，均没有假日。现在的孩子每年还有寒暑假和周末可以消遣，而这些皇子们只能日复一日地苦读。

除了去茅厕，胤禛等人读书时每天只能到下屋休息一两次，每次不过一刻钟时间，还须经过师傅允许才可以去。在读书的空隙间，皇子之间只可以聊聊书的内容或历史掌故，决不可以闲言碎语嚼舌头，更不能

到处乱走，否则就可能被罚站着读书，到时有苦也说不出。

久而久之，这些本应该天真烂漫的孩童就被礼教驯服得和七老八十的人一样，不仅少言，而且慎行。每一个皇子单拿出来，都几乎是完美的"大清王朝的接班人"。这种培养模式不符合孩子的天性，所以很多皇子的内心都是异常压抑，有的人更是不得已为之，比如胤禔和胤礽。待到他们长大成人，离开了束缚他们的枷锁，很快就表露出人性丑陋的另一面——阴险、狡诈、残忍、自私、圆滑、世故……

每天凌晨，师傅们也是早早来到。他们每天都先以臣礼给皇太子实行跪拜，然后才以师礼检查皇子们的功课，让皇子背书。每天的晨考都要从大阿哥胤禔开始，这让胤禔总是身先士卒，经受师傅们的严厉督导。胤禔比太子胤礽大两岁，比胤禛大六岁，虽然是长子，但因为是庶出，所以未能做太子，他的母亲和母族都为此而愤愤不平。嫡出的皇长子做太子，这是康熙立下的规矩。尽管胤禔对胤礽不服气，但是也得表现出尊敬来。

如果众位阿哥们背诵得好，一字不错，师傅就很满意，态度也会温和许多，整个过程没有任何褒奖，只有或轻或重的批评。尽管诸皇子学业精进，但教室内外、宫中上下却无人敢赞好。这是因为，康熙下了一道严厉的谕旨："若有人赞好，朕即非之。"不轻易表扬皇子，是担心他们骄傲，产生自满心理。康熙奉行"严师出高徒"的古训，因此严禁师傅们表扬皇子。

待所有的皇子都查验完毕之后，师傅会再给皇子们诵读、讲解一篇新文章，让皇子们理解并跟着背诵。读书的方法为"师傅读一句，皇子照读一句，如此返复上口后，再读百遍，又与前四日生书共读百遍。凡在六日以前者，谓之熟书。约隔五日一复，周而复始，不有间断，实非庶士之家所及也"。这种师傅讲一句，皇子跟一句，以及讲书之后还要背书的方法，一直到清末也未曾改变。师傅高声吟一句，皇子们跟着复读一句，书声琅琅和着远处传来的悠扬钟声。

皇子们所受教育的第一重点是汉文。教习汉文经书的师傅都是从官员之中精挑细选出来的当时的大儒，均学识渊博，德高望重。学习主要

以《四书》《五经》《资治通鉴纲目》《性理大全》《大学衍义》《古文渊鉴》等书为教材，清朝帝王圣训、顺治所辑之《资政要览》等清朝祖宗家训亦是必读之书。另外，各师傅依专长也会为皇子或太子设计一些自己编写的教材。

皇子们所受教育的第二重点是满文。教习满文与骑射的师傅叫谙达（亦称"塞傅"）。像满文的《西域同文志》《增订清文鉴》《清汉对音字式》《满洲蒙古汉字三合切音清文鉴》《清文启蒙》《三合便览》等，均可作为教导皇子满文的教材。教习满文的方法，是由谙达口授念法，手教写法。至于满文教授的成果，由宫中档案中的满文朱批谕旨，可以看出大清诸帝的满文程度极佳，文笔流畅。清末，由于越来越缺乏实用性，皇子们对满文的掌握程度越来越差。尽管如此，清室从未放弃过教导满文，因满文与骑射为"满洲根本"，即便实用价值相当有限，皇子仍必须学习，以示不忘本，并以期作为八旗子弟的表率。

皇子们所受教育的第三重点是骑射。幼年皇子每日功课之一就是要拉弓练箭，而皇家定期的围猎活动，以及不定时的较射，是皇子们学习骑射并检验成绩的场合。清初的王公贵族与皇子们骑射的技艺纯熟自不待言。到了清末，骑射教育仍受重视，只是已经渐渐变成是虚应差事，但即使如此，祖宗留下来的家法仍不可忘，无论情形如何，学学武艺、练练骑马还是必要的。

除了三大学习重点外，皇子教育的内容也会依实际情况做出调整，如康熙喜欢带皇子出巡，增广见闻，也让皇子有熟悉各种政务的实习机会。每到这个时候，也是众皇子最开心的事情，不仅可以少读书，还能离开皇城出去看看各地的人文和景观。

除了传统教育，康熙甚至还请来了西洋教师，让皇子们学习西方科学与技术，还一起从事实验活动。虽然大清最终没能走上西方科技进步引领社会进步的路子，但这是由许多不可控的因素所致，清朝培养皇子的教育理念还是比较进步的。

大清王朝对皇子们全面而又严格的培养，造就了清朝诸帝的治国才能。入关后，顺治、康熙治国能力之强，有目共睹；雍正、乾隆的治国

才能也堪称道；至于最末三代皇帝，面对纷乱的时局，不可能展现什么治国能力，但是清朝诸帝中始终没有出现昏庸残暴者，应该说教育之功不可忽略。当然，清朝对皇子的教育倾注了如此大的精力，根本目的还是为了巩固清朝统治。

总之，皇子们学习的内容都是以后成为皇帝或皇帝辅臣所必须具备的知识和技能。在这样全面而又严格的学问、见识、技能、意志培养下，清朝的皇子们在能力、魄力、胆识等方面都比较出色。他们每天深入学习文化知识，和当代大儒学习君臣之道。每个教授满文、汉文的师傅教授的内容都不一样，这个师傅前脚刚走，另一个师傅就跟着进屋了。只有在这短暂的间隙，皇子们才可以略略休息或者去茅厕方便一下。

每天的午饭时间也没打乱紧张的学习节奏。膳房的太监或者宫女会送上饭来，师傅们都是跪着接了饭去一边吃，皇子们则在另一旁吃饭。吃完饭之后不能休息，继续埋头功课，尽管直打瞌睡，他们也要忍着。有些年迈的师傅会呵欠连天，不小心就会小憩片刻。这个时候，皇子们会稍稍松一口气，活动一下筋骨。

每天午后一点，皇子们开始练习书法。皇子读写时必须正襟危坐，每一个字要写一百遍，所以历代清帝的书法都非常优秀。书法课后，是每天必须要进行的问答，师傅择一题目，皇子们要自己思考并讨论，最后要完整地表达出自己的观点，锻炼独立思考问题的能力。

康熙一生多子多女，后续的阿哥很快就到了发蒙的年龄，不断有弟弟们入学，六阿哥胤祚也在这里入学了。胤祚体弱，生性胆怯，很不合群，和其他阿哥关系都不好。胤禛也不喜欢这个弟弟，两个人很少有语言上的交流。

很多时候，康熙下朝后会兴致勃勃地来到无逸斋。当太监在外高声喝唱"皇上驾到"时，所有的皇子和师傅都要到外面台阶下面跪迎。康熙高兴时会满面春风地看着一大群阿哥们跪在地上，心里很美，这些都是自己的亲骨肉，将来都是国家的栋梁之才。康熙便称赞几句，以父亲的身份关心一下他的儿子们。

康熙落座之后，常常要做的就是让他的儿子们背书，他拿出书

来随便点一段，便命令某个皇子背诵。如果背得流畅，他就会龙颜大悦，就有赏赐；如果背得不好，他就会发火，连带着师傅也被训斥。接着，康熙就会现身说法。他慈祥地告诉皇子们说："朕小时候书要朗诵一百二十遍，之后还要背诵一百二十遍，完全熟练了，然后再换下一段，这样一段一段地学。从五岁开始，无论是严寒酷暑，没有一天中断。有时候累得咯血，但是朕仍然坚持学习。你们现在这么好的条件，怎么可以荒废时光？"

这段激昂的鸿篇大论和现在的家长教育孩子没什么不同，看来天下父母心都是一样的。皇子们连忙跪倒，虚心接受父亲的教导。康熙完成了父亲的教育责任，才心满意足地离去。除了太子和胤禛之外，在其他阿哥的眼中，康熙只是个威严的皇帝和严父，从来不和蔼可亲。

第二章　息心养性

转眼间，胤禛八岁了，这一年，北京酷热无比。这些皇子们仍保留着东北人喜好凉爽的习惯，穿着单薄了许多，但此时的清宫戒律严禁他们用扇子纳凉，虽然房间里有冰块消暑，但是也解决不了太大问题。今年酷热程度，就连师傅达哈塔、汤斌和耿介等人亦难以承受。因为年迈暑热，晨起过早，站立的时间太久，一些老迈的大儒时常会体力不支，斜倚着书案不知不觉地打盹，有时候几乎摔倒。

胤禛坐着的地方，中午时分可以晒到太阳，这让他头昏眼花，身上起了很多痱子，有时候还有一些炎症。多年以后，胤禛养成了极端畏暑的毛病，以至于他继位后的大部分时间，都会在凉爽的圆明园里度过。

这一天上课时，胤祚忽然晕倒在无逸斋里。太子胤礽抱起胤祚，将他放置在阴凉处，然后跑出去命令太监去传太医，并派人分别奏请皇上和皇贵妃、德妃等人知晓。

太医很快来到无逸斋，现场救治胤祚。太医脸色很紧张，很多方法都用到了，胤祚还是没有苏醒。时间不长，德妃也闻讯赶来，哭得很伤心，她照料了胤祚十个月的时间，感情非常深。康熙和佟佳氏都接到了胤祚昏迷的消息，也都亲临无逸斋。

太医们办法用了许多，胤祚不仅没有醒过来，还口吐鲜血，不一会就死去了。

失去了胤祚的德妃备受打击，数日精神不佳，她的贴身奴仆一个个胆战心惊，生怕受到责罚。后来见并没有特别的动静，宫女们慢慢地都放下心来。胤祚的死因结果也调查清楚了，是因病而亡，实属意外。德

妃每日哀叹着自己的悲惨命运，有点生不如死的样子。

百善孝为先，胤禛对德妃仍和以前一样保持着尊敬和孝心。他身边有许多大儒名师，在这些大儒荟萃的师傅当中，对胤禛影响最大的不是熊赐履等名儒，而是学术地位较低的侍讲学士顾八代。这位满洲镶黄旗勋戚后代，官至礼部尚书，为人正直，为官清廉，和胤禛讲了许多为人处世、孝顺父母的道理，深受胤禛的尊敬。作为胤禛的启蒙老师，顾八代理学的言传倒在其次，他清正醇厚的人格品德是对胤禛完美的身教。胤禛成年后的许多行为都有顾八代的影响，他可以说起到了一个良师的巨大作用。晚年的顾八代一直过着极为清贫的生活，死后家里连办丧事的钱都没有。已经是雍亲王的胤禛听到这个信息，便以学生的身份亲自为师傅料理后事，自己出钱把师傅安葬了。这都是后话。

胤祚死后，康熙觉得对皇子们的关心太少，就在每天下午的问答课结束后，来无逸斋陪伴他们度过一段时光。无逸斋外面的院落十分宽敞，可以跑马，还设有多个靶子。皇子们可以在此练习射箭、骑马，还可以演练武艺。

胤禔和胤礽往往各自组建一支队伍，率领若干阿哥和一些小太监们"征战"。胤禛是胤礽的得力助手，虽然武艺差了些，但是足智多谋，善出奇兵，经常帮助胤礽取得胜利。胤禔对胤禛也很器重，几次拉拢他都未能如愿。

当康熙一身戎装，骑着骏马出现在靶场上的时候，皇子们会兴奋地大叫大嚷。

此时的胤禔已经十四岁，身材高大，健壮有力，最善骑射，他的技艺已经达到了一定的水准。三十米开外，站立射箭，箭无虚发，全都命中靶心。骑在马背上飞驰，也能射中箭靶，虽然不是每次都能命中靶心，但是相信随着时间的推移，胤禔的骑射本领会越来越强。在短兵对战中，胤禔已经可以和侍卫一对一战斗，几乎不落下风，有时候还能取胜。康熙已经开始为胤禔安排一些军营事务锻炼，用不了几年，胤禔就会成为一名出色的将官。

十二岁的胤礽身为太子，更是众阿哥们的楷模，骑射本领也是很出色，可以左右开弓，箭箭上靶，还能骑在飞驰的马上将箭射在靶上。胤礽擅长击剑，剑术颇佳。适才骑射，一连三箭射中靶心，康熙喜上眉梢，大赞太子英武。

三阿哥胤祉骑术不佳，箭法也不得要领，由于紧张，他几次演示，都未能射中箭靶。

胤禛骑着一匹黑马，弯弓搭箭，将一支箭射向箭靶，虽然射中，但是力量不足，箭插在靶子上摇摇欲坠。

康熙很不满意，对胤祉和胤禛严厉地批评。随后，康熙亲自演示骑射，他的确武艺高强，箭法出众。只见骏马飞奔中，康熙引弓搭箭，连珠箭射出，全部命中箭靶，有几支箭还射中靶心。他连发连中的箭法让皇子们对他的崇拜无以复加。

胤禔试着拉动康熙的硬弓，弓只弯了一半，便不再动，没有强劲的臂力显然不行。此时的康熙正值盛年，气力正是最大的时候，他见此情景哈哈大笑。不过他还是很欣慰，胤禔威武气盛，最像他少年时的样子，力气也比他那个时候大得多。他拍着胤禔的肩膀道："胤禔，待你能拉开这张'射天弓'时，朕便把它赏赐给你！"

胤禔喜不自胜，跪倒磕头："谢皇阿玛，胤禔一定会勤学苦练，不负皇阿玛期待，以早日追随皇阿玛征战沙场，杀敌立功。"

"平身吧！胤禔！还有你们这些阿哥们，不可荒废了骑射，这是我大清立国之本，都记住了吗？胤礽，你更要作为表率，不可让朕失望。"康熙看着这些鲜活的小面孔训导着。

"皇阿玛放心，胤礽绝不会让您失望！"胤礽跪倒在康熙面前，其他的皇子们也跟着跪倒磕头。

康熙挥挥手，满意地跳下马。随后，他命令太监拿过来两个盒子。他先从长盒子里面拿出一个奇怪的管子。康熙将它放在右眼前，望着远处，过了一会，他让每个皇子都过来看。

这是什么？在胤禛的眼前，出现了一个离奇的世界，远处的侍卫竟然一下子站在了眼前。远处的景物竟如此清晰，皇子们不停地发问，康熙一一作答。原来此物叫"千里镜"，是西洋人进献的古怪玩意，可以

看清楚很远处的东西。

康熙又从另一个盒子里拿出一个玩意握在手中，他站在箭靶前十几米处，对着靶心，左眼眯起，瞄了一下，食指一扣，只听一声巨响，伴随着硝烟，箭靶被洞穿一个碗口大的圆洞，焦糊味飘散开来。

众皇子都吓得面色发白，康熙恶作剧地哈哈大笑，告诉他们这个物件叫"火铳"，是西洋人进献玩意，二十米内可以取人性命。此物比较难得，他已经命令能人巧匠尽快仿制。

康熙命侍卫重新装上火药和弹珠，让太子胤礽亲自体验火铳的巨大杀伤力。不知道其他阿哥怎么想，胤禛对这个火铳极为震撼，他发现原来这个世界上还有如此奇妙的东西。胤禛第一次感觉到外面的世界很大。

在胤禛幼小的心里，康熙是超过所有师傅的全知全能者，是所有皇子们心中的超级偶像。只要有时间，这位博学的皇帝便教皇子们数学、天文学、地理学、医学、测量学、农学等学科。众多皇子都在表现其优秀的潜质，幻想着能够得到父亲专门的指导。胤禛自卑地发现，他在哪个学科上都算不得出类拔萃的优等学生，似乎一无所长。

大阿哥胤禔骑射本领超强；二阿哥太子胤礽宽厚有加，仁爱十足，很受大家的爱戴；三阿哥胤祉在各个学科上领悟颇深，康熙经常单独给他讲解几何学，让他见识从西洋进献来的各类仪器，培养他的科学才能；五阿哥胤祺博闻强记，过目不忘，很受大儒师傅们的喜爱；七阿哥胤祐对医学很是喜爱，小小年纪就能分辨人体所有的穴位和经络，对中草药辨识能力极强；八阿哥胤禩虽然只有三岁，却天资聪颖，与几位阿哥一起诵读古卷，他的朗诵纯熟舒徐，声音朗朗，博得众人的一片喝彩。

相比之下，胤禛没有任何出众的地方，他一直跟随在太子胤礽的身后，像是太子的影子，更像是太子的门徒。在佟佳氏的教导下，他也根本没有打算与其他皇子竞争。他只想守住太子这棵大树，将来做一个有实力的亲王就满足了。

胤禛是除了太子之外可以经常见到康熙的皇子，所受的教导非常多，但是胤禛却没有出众的地方，让康熙有些失望。佟佳氏知道康熙的

心思，每次侍寝的时候都会吹耳边风。她向康熙谏言，胤禛虽然没有特别出众的地方，但是他样样皆通，做事执着认真，是个务实的阿哥，将来一定会成为大清栋梁。

胤禛依然每天都跟随着太子胤礽，佟佳氏为他定下了和胤礽搞好关系的基调，以便将来有个好前程。胤礽自然懂得帝王之道，他需要像胤禛这样忠心耿耿的臣子，对胤禛极为信任。

太子胤礽生于康熙十三年（1674年），是康熙帝的第一位皇后赫舍里氏所生。

赫舍里氏出身显赫，她的爷爷索尼是顺治留下的四位辅政大臣之一，一等公。她的父亲噶布喇是康熙朝的领侍卫内大臣，她的叔叔索额图则官至大学士。赫舍里氏十二岁嫁给康熙，两人非常恩爱。赫舍里氏生下胤礽后血流不止，太医想尽一切办法都无济于事，没几个时辰就死于坤宁宫，年仅二十一岁。关于赫舍里氏的死因康熙也曾命人详查过，并无异样，只能将此归于天命难违罢了。康熙日夜思念赫舍里氏。的确，漂亮端庄的赫舍里氏唤醒了康熙内心的那份温柔，让他尝试到帝王也可以享受爱情。为缅怀爱妻在天之灵，康熙决定立其遗孤胤礽为皇太子。

康熙十四年（1675年），康熙诏令天下，立胤礽为太子。从那一刻起，胤礽就独占了康熙大部分余暇时光，所有的皇子，都能感到胤礽身上那让人如芒在背的光环。康熙对胤礽十分宠爱，甚至是溺爱，康熙说"胤礽乃皇后所生，朕煦妪爱惜"，因此即使是日理万机，康熙仍坚持亲自教养这个生而丧母的孩子，亲自教他读书，对胤礽耳提面命。

康熙十七年十一月，胤礽出痘。痘疮又名天花，是一种传染性较强的急性发疹性疾病，在当时对很多人是不治之症，一旦出痘便使人无比恐慌。出于爱子心切，康熙帝下旨从十一月二十七日起自十二月初九日止，不理朝政，各部院衙门奏章俱送内阁，自己则全心全意看护在胤礽身边，陪伴太子度过病危期。待太子痊愈，康熙还特地祭扫了方泽、太庙、社稷坛等，并向天下臣民宣示这一喜讯，足见胤礽在他心里是多么重要。

康熙是位学识渊博之人，对于自己未来的接班人寄予了很高期望，为此他亲自厘定了全面、周密的方针与步骤。当胤礽还很年幼时，康熙便开始了对他的精心培育。康熙帝特别关心太子的成长，比对其他皇子的教育倾注了更多的心血。

康熙特命内务府修葺紫禁城东面斋宫与奉先殿之间的明代时的奉慈殿，改为毓庆宫，作为太子的东宫，以示恩宠。由于康熙帝毕生以孝道治国、齐家，故他也十分希望太子做一位如他一样的孝子。康熙曾当众讲明自己一天中有两件要事，一是问孝庄太皇太后安，另一件即是过问太子的学业情况。胤礽六岁以前，是由康熙"亲教之读书"的。康熙"在宫中亲为东宫讲授四书五经，每日御门之前，必令将前一日所授书背诵，覆讲一过，务精熟贯通乃已"。由于太子天资聪颖，且勤奋刻苦，毫不懈怠，因此学业进步很快。康熙自己说"皇太子从来唯知读书，嬉戏之事一切不晓"，因此能熟练运用满、汉、蒙三种文字，"骑射、言词、文学，无不及人之处。"

胤礽六岁之后，康熙又请大学士张英、李光地等为其师。在这位伟大的父皇与诸多名师的调教下，胤礽在骑射、言词、文学等方面的领悟远远超过诸位皇子。

清史载：皇太子读书"自初读至终篇，为时甚久，目不傍视，身不欹倚，无惰容，无倦志，正襟端坐，口诵手披。诸臣仰睹睿容，罔不欣忭。"康熙帝对太子教育甚严，无论寒暑从无间断。太子亦勤学好问，对待学习认真严肃，从无懈怠。

胤礽的辅导老师有汤斌、徐潮、高裔、熊赐瓒、耿介、达哈塔、尹泰等。勤奋好学的胤礽曾说："温故知新，尽人以合天，方为不负所学，不可以讲完而忽之。"对所读书籍，譬如四书中《大学》《中庸》，五经中《礼》《易》，又《贞观政要》等政学理论等，读过数遍即能背诵不漏，但他仍按康熙要求每篇必背足一百二十遍方罢。

他读书"声韵清远，句读铿锵，反覆抑扬，讽咏不辍"；他讲解书义亦是要言不烦、精妙绝伦；在书法方面亦有极深造诣，所书汉字、满文，兼晋、唐人之长，一丝不苟。而在读书时太子的"谦冲温和"更令

师父们受益。按礼制，为太子讲课的官员必须要跪着授课，胤礽不忍看着年迈的师父们下跪，遂特许他们就座，并十分关心他们的身体状况，赐予膳食。有一次，老病的耿介由于中暑倒在了无逸斋内，太子见状，亲手扶起，令其回家养病，并嘱托以后可坐下授书。

才华横溢的皇太子让博学大儒们惭愧不已，故有汤斌三番五次以学问浅陋为由辞请不敢担任太子辅导的重任。因此在为太子择定老师的问题上群臣一再推辞，生怕博学的太子考倒了自己，最后弄到康熙帝不得不动用特权，改推举为直接指定太子的辅导老师。

康熙二十年十一月，正在孝陵祭拜的康熙得到平定吴三桂叛乱，克复云南的捷报后，遂召集众臣，亲自宣读汉文捷报，又命年仅八岁的太子宣读满文。胤礽小小年纪站在众臣子面前，迎风而立，神情潇洒，举止大方，高声吟诵，其声清朗之极令人叹服。

除却文采，胤礽在武功方面亦为优异。胤礽娴骑、善射、精于剑术，出于众皇子之上，"射法熟娴，连发连中，且式样至精，洵非易"；其马上功夫出众，能左右开弓。这样的出众本事早在他幼年时便形成，胤礽五岁时随父射猎，连发五箭，射中一鹿、四兔；其八岁时，在射猎时遇到野兽扰驾，他勇敢地同伯父福全一同射死野兽，康熙龙颜大悦。在剑术上，他更是出众。

胤礽身上闪耀的一切优点，都在康熙的推波助澜下，一点点被放大。胤礽自此开始全面走上神坛，为了自己完美的太子形象而孜孜以求。

康熙二十五年（1686年）闰四月，十三岁的胤礽在刚刚竣工的文华殿公开为满汉大臣讲学。当时数百位朝臣云集，都是大家名儒。胤礽讲论，任人问难，但无一人能予诘难。太子胤礽之名气一时威震天下。此后，胤礽又多次在文武大臣面前讲解儒家经典，因已苦学多年，又经过反复训练，太子胤礽的修为深得众人赞誉。

然而胤禛，他就是太子的影子，他总是躲在胤礽的身后，被许多人称为太子的跟班。胤禛对这个评语很满意，这会让太子知道自己是他的人。

大阿哥胤禔则是"皇长子党"的代言人，他自小就一直与太子胤礽

竞争，有时候势同水火。胤禔身体强壮，而且大胤礽两岁，胤礽在文学艺术、骑射、剑术等方面都有些心得，胤禔却是格外尚武。两个阿哥交恶以后，每每会从无逸斋中的明争暗斗开始，一直到斋门外的靶场上动刀动箭。

胤禔在每个方面都要与胤礽一较高下，没有哪位皇子敢公开介入两位阿哥的矛盾中。不仅因为胤礽是太子，是未来的皇帝，更重要的是，两位阿哥在朝中均有亲属是国家重臣，都得罪不起。毕竟众阿哥身后母族都有人在朝为官或者是地方实力派，他们都要看明珠和索额图的脸色行事。皇子们得罪了两位阿哥，他们的母族可就要遭殃了。

大学士明珠是大阿哥胤禔的亲舅舅，他处处力捧自己的亲外甥；大学士、领侍卫内大臣索额图是太子胤礽的外叔公，自然要不断强化胤礽东宫储君的地位。这两位大学士权力相当，势力扩散到大清朝辽阔的疆土上，都是门生故吏遍布天下的主。他们俩几乎左右着康熙王朝的政治秩序。当时流传着这样一首民谣，说："要做官，问索三；要讲情，问老明。"两个人因为各种琐事早有夙怨，经常相互倾轧，彼此争斗不休。因此，这两派的势力也经常剑拔弩张，斗得十分激烈。索额图有族旗做后盾，倚老卖老，异常嚣张；而明珠是从底层一步步升上来的，待人和善又偏于阴险，精于谋算。

康熙中年以后，有些满足于自己的丰功伟绩，有点踟蹰不前，对这两位重臣过于依仗，导致朝政混乱，民间怨声载道。又有民谣说："天要平，杀老索；天要安，杀老明。"就是这两位臣子，为了太子之位斗得你死我活，将好端端的康熙朝堂弄得乌烟瘴气。

胤禔虽是庶出，但是贵为皇长子，不肯屈居太子胤礽之下。明珠一直积极地为这位外甥筹划。他一方面鼓励大阿哥在康熙面前表现积极一点，以博得康熙的好感，同时又利用自己的地位，拉拢朝中大臣，如大学士余国柱、户部尚书佛伦和刑部尚书徐乾学等人，隐然形成"皇长子党"，和索额图的"太子党"相抗衡。

康熙同时重用索额图和明珠两人，本意是希望两人相互制衡，可是随着两位阿哥年岁的增长，"皇长子党"和"太子党"已经开始水火不

容了。许多大臣都不敢轻易置身其中，担心站错队伍，失去一切。

自然，像胤禛这样的阿哥们就更要小心从事了。皇帝的儿子多得是，多他一个不多，少他一个不少。即便胤禛的出生，在清朝的史书中不过寥寥数笔带过："丁酉出生，上之第十一子也，皇四子也。"从中可以看出，皇家对非嫡出的皇子不是太重视。

胤禛的生母乌雅氏出身低贱，与众多母族显赫的皇子们相处，胤禛会带着隐隐的自卑。幸好他的养母佟佳氏出身贵族，她以皇贵妃之名，行掌管后宫之实，是康熙皇帝的贤内助。她的尊贵让年幼的胤禛产生一种依赖感和安全感。胤禛便凭借着这层得天独厚的机缘，被鞠养于康熙宫中，得到皇父的亲自抚育。

胤禛知道自己的未来一个方面掌控在太子胤礽手里，另一个方面则依赖于佟佳氏的荫庇。胤禛非常依赖这位富有爱心的养母。在讲究出身的皇子堆里，胤禛有意地表现出皇贵妃养子的高傲，这更增加了与生母德妃的隔阂。

康熙二十五年夏，胤禛生命中一个最重要的人出现了，他就是十三阿哥胤祥。他的生母是敏妃章佳氏，他的外公是位参领。胤祥自小便体格强健，活力四射，像个永远不知疲倦的"永动机"。自八阿哥胤禩出生之后，很少再有这么出色的阿哥了，所以康熙非常喜爱胤祥。先前康熙觉得胤禔最像少年时的自己，待有了胤祥之后，他才发现，胤祥更符合自己心中的标准。胤祥对康熙极为眷恋，是被康熙抱在怀里次数最多的阿哥。

就在同年秋季，年仅九岁的胤禛第一次随康熙帝出宫，同行的有太子胤礽、大阿哥胤禔、三阿哥胤祉。他们远离皇宫，随同父皇康熙到塞外参加打猎活动。这时的胤禛已经懂得了康熙帝打猎的双重作用：一是稳定蒙古。自平定三藩之乱和统一台湾后，当时国家不稳定的因素凸现于北方，新疆的准噶尔部势力日益增大，有可能破坏蒙古地区的稳定。康熙帝带领皇子们去打猎，届时召蒙古王公参加，以增进双方的感情，增强国家的凝聚力。二是保持满人的尚武进取精神。在以冷兵器为主的时代，大规模的围猎就是军事演习，在围捕群兽的同时，可以训练八旗

兵的骑射和协同作战能力。当然康熙帝让皇子们参加打猎的目的，是希望他们不忘满人骑射的本色，保持强壮的体格和勇猛的精神。胤禛即位后，虽然因为政务繁忙而没再参加打猎活动，但他旺盛的工作精力和早年康熙帝带领他们出巡打猎的体能训练是分不开的。

康熙二十七年（1688年），康熙盛服出席一个仪式，许多阿哥都挤在人群中看热闹，胤祥因年龄小、个子矮，几乎看不见在众人簇拥下一晃而过的父亲。为了表示对父亲的孝敬和仰慕，他情不自禁地趴在父亲刚刚留下的脚印上起劲地闻起来。其他的阿哥们看到了这一情景都哄堂大笑，只有胤禛跑过去抱起胤祥。这一幕被佟佳氏看在眼里，后来说给康熙听。康熙笑开了花，认为胤祥这个孩子太实在，同时对胤禛的好感增加许多。

就在这一年，德妃生下十四阿哥胤禵。不知道什么原因，康熙没多久又给他改名为胤祯。胤祯和胤禛的发音完全相同，康熙为什么执意给十四阿哥改成这个名字，是个未解之谜。

胤祯比胤禛正好小十岁。此时的德妃已经贵为妃子，按照宫里的规矩，康熙允许德妃自己抚育孩子。在胤祯之前，德妃这几年间还诞下了三位格格，生育能力可见超强。在她的心里，大儿子胤禛已经背叛了她，成为佟佳氏的儿子。二儿子胤祚少亡，成为她憎恨佟佳氏的缘由，也成为她厌恶胤禛的开端。唯有这胤祯，德妃是一天天抱着养大的，付出了全部的爱。不管怎么说，这个乌雅氏还是很有计谋的，康熙后宫佳丽无数，年轻貌美的女子多的是，德妃竟然能得康熙宠爱十几年，一次次诞下龙女龙子，可见其姿色确实不错，各方面伺候康熙的本事也很强。

德妃对胤祯的爱泛滥到了极点，对胤禛却始终板着冷冰冰的面孔。其他阿哥的生母都是那样的慈祥可亲，唯有德妃对胤禛不冷不热，这已经成为众阿哥取笑胤禛的由头。

中国有句俗语："老儿子，大孙子，老太太的命根子。"用在德妃身上非常合适，她喜爱胤祯到了极点，可以说是溺爱。

这几年来，佟佳氏的身体越发不好，多次被康熙宠幸也没能怀孕，

对宫中的事务也管理得越来越少。德妃因为位份提升，又得康熙宠爱，开始有了说话权，明里暗里和佟佳氏攀比。佟佳氏气力不足，也懒得和她计较。多数的时间里，佟佳氏都是深居简出，只有天气非常好的日子，才会到花园里转转。她虽然在深宫，但是对朝堂上的形势看得很透，她一再嘱咐胤禛要跟紧太子，不可和胤禔深交。

朝堂斗争日益紧张，明珠和索额图的明争暗斗达到了顶峰。索额图生性乖张，朝中有不依附自己的大臣就立即排挤。他与李光地关系亲密，在朝中说话很有分量。明珠则表现出为人谦和、乐善好施，善于拉拢朝中新进，对政敌则在暗地里构陷，与徐乾学等人结成一派，他们联手把朝中依附太子的许多人都构陷排挤出去。

名不正，言不顺，明珠这样不守礼法，索额图终于抓住了机会。不久，一个看不惯明珠行为的人出头举报明珠，他就是直隶巡抚于成龙，他向康熙密奏："官已被明珠和余国柱卖完了。"

接到奏折，康熙很纳闷，这朝中的官都是吏部按照法律办的，怎么会有明珠的事呢？

康熙便问他的私人伴读——翰林院侍读学士高士奇："为什么没有人弹劾？"

老实的高士奇一语中的："明珠可怕，谁人不怕死？"

康熙恼怒道："可恶，朕就这么等着，倒要看看有没有赤胆忠心的臣子敢弹劾明珠！"

高士奇回到家后，意识到这是一个恩宠的机会，就把康熙的话告诉了自己的好友御使郭琇。知道了圣意，郭琇很快做好了弹劾明珠的准备。

朝堂上，郭琇走出班列，大声道："皇上，臣要弹劾明珠！"

索额图惊呆了，明珠也很不理解，满朝文武都很纳闷。这个郭琇难道吃了熊心豹胆吗？

郭琇拿出一份清单道："皇上，请看，这是臣收集到的证据，明明确确地记录了这些年明珠收受贿赂、买官卖官、结党营私、欺压百姓、打击同僚的罪行，件件属实。臣愿以项上头颅担保，请皇上明察！"

康熙拿着清单细看，越看越生气，他将清单往地上一扔，道："明

珠，你干的好事！"为了维护太子的位份，康熙皇帝决意就此狠狠打击明珠一党，随即罢黜明珠大学士一职，酌情留用。这么一来，"皇长子党"失去了领军人物，暂时消停了。明珠的倒台也让索额图一派有了一个喘息的机会，他们抓紧时间安插自己的亲信，布局天下大势。

康熙二十九年（1690年），佟佳氏感觉自己的身体状况大不如从前，她担心自己死后胤禛无人撑腰，就和她的父亲佟国维商议，想让父亲多多关照胤禛。不曾想佟国维一口拒绝，他认为胤禛没有魄力，实力也不济，后面没有母族撑腰，不想在胤禛身上耗费太多精力。

佟国维的父辈为清廷建有很大功勋而加官进爵。他的父亲佟图赖，是顺治帝孝康章皇后的父亲，入关以后多次出征山东、山西、河南、湖广等地，军功卓著，历任定南将军、礼部侍郎，爵至三等子爵，死后又特赠为一等公。

佟国维有一女做了康熙的皇贵妃，也就是胤禛的养母佟佳氏。所以佟国维既是康熙的舅舅，也是康熙的岳父，地位自然尊崇。他一生曾三次跟从康熙亲征噶尔丹，立功颇多。因此，佟国维仕途一路畅达，历任侍卫、内大臣、领侍卫内大臣，晋爵一等公。

佟国维野心勃勃，但是他没看好胤禛，索性就不支持他。无奈之下，佟佳氏只好把她的弟弟隆科多招进宫来。

隆科多是佟国维的次子。因祖父、父亲、姐姐的缘故，隆科多与康熙也有着双层的亲戚关系，既是康熙的表弟，也是康熙的内弟，自然前途很好，可是此时还未受到重用。佟佳氏和隆科多密谈了一会，承诺帮助他谋求更高的职位。很快，隆科多升任一等侍卫，不久又被提拔为銮仪使兼正蓝旗蒙古副都统。就这样，隆科多开始进入到皇权的核心区域，成为胤禛日后继位时最重要的伙伴。隆科多暗中追捧胤禛，他的父亲佟国维后来却力捧八阿哥胤禩。这爷俩意见不合，各为其主，佟家这真算是一场性命之赌。

几个月后，佟佳氏因病去世。佟佳氏的死让十二岁的胤禛失去了出生以来最重要的靠山。在宫里，再也没有谁为他争取额外的福利。

胤禛很长一段时间封闭自己的内心，除了每日的课业，他不再四处

游荡，连太子那也很少登门了。胤禛陷入了黑暗的深渊当中，他不再是那个略显骄傲的少年，而是一个没有娘照看的阿哥了。太子胤礽出生后也没有了额娘，但是他还有强大的母族日夜拱卫着，一点也不寂寞。整个清宫中，唯有胤禛是个异类，即不受母族亲属眷顾，也不受父族宗室呵护。胤禛成了一个孤魂野鬼，成为一个异类。

胤禔经常拿他取笑，胤礽依然会为胤禛出头，其他的阿哥见胤禛再也没有什么势力支撑，都不待见他。胤禛越发变得孤僻，和他的兄弟们关系很僵。这导致他渐渐形成复杂多变的个性，经常揣摩别人对他的态度，疑心特别重。他的性格开始湍急变化，喜怒不定，是自卑，是佯狂，是放纵，还是对命运生死的深刻焦虑，不得而知。

康熙见胤禛变得如此自闭，深恐对不住死去的佟佳氏，便放下繁冗的政事，每天都抽出一个小时陪伴这个心灵忧郁的儿子，希望胤禛早日走出丧母的阴影。可是，康熙的努力没有奏效，胤禛依然每天眉头紧锁，心事重重，这让康熙有些恼怒。

大臣李光地建言："皇上，四阿哥失去皇额娘，伤心难忘，是个难得的孝子，理应褒奖。如今四阿哥已快到成婚的年纪，不如让他早日成亲，冲冲喜。这样四阿哥也有人照顾了，心情自然就好起来了。"

康熙赞成此事，交给李光地办理此事。李光地斟酌了多个文臣武将，以为胤禛求婚。可是多数人都客套地拒绝了，他们看到胤禛是个没有靠山的普通阿哥，都不想攀上这门亲事。他们的眼里只有大阿哥、太子、三阿哥、五阿哥等人，甚至才华横溢的八阿哥都比胤禛分量重、名气大。

胤禛得知李光地为他大婚之事遇到的冷遇，心中感慨世态炎凉。直到有一天，好消息传来，满洲正黄旗，内大臣费扬古应承了这门婚事，同意将漂亮的女儿嫁给抑郁中的胤禛。这让胤禛忽然感到有了倚靠和期待。

康熙三十一年（1692 年），十四岁的胤禛搬出了皇宫，住进了康熙赐予他的府邸。过些时日，他就要迎娶费扬古之女乌喇那拉氏。乌喇那拉氏的生母觉罗氏是贝子穆尔祜第四女，穆尔祜是杜度的儿子，杜度是

褚英的儿子，褚英则是清太祖努尔哈赤的长子。绕了一圈，说到根上是沾亲带故，不过已经出了五服，这门亲事还是可以的。乌喇那拉氏只有十三岁，懵懵懂懂，她的使命和当年的乌雅氏一样，也肩负着重新为家族带来显赫荣誉的使命。尽管此时的胤禛不被看好，但是她的父亲费扬古还是巴结地应下了这门婚事，毕竟又攀上了皇亲。乌喇那拉氏是个非常聪明的女孩，虽然年少，但是自小受到的教育一点也不少。她知道自己以及自己家族的命运都和胤禛分不开了，一损俱损，一荣俱荣。从此，她将自己母族与胤禛捆绑在一起，成为胤禛可以倚靠的力量。

自从成婚之后，胤禛的性格果然好了许多，但是他还是整日板着脸，不苟言笑，经常陷入沉思中。此外，胤禛做事严谨，死板教条，从不逾越礼法，像个书呆子。胤禔经常嘲笑胤禛是"冷面阿哥"，这一点反倒得到众位阿哥的认可。于是，胤禛从少年时候起就有了"冷面"的称号，这个形象的称呼伴随了胤禛一生。

因为还不满十六岁，胤禛还需要到无逸斋继续学业。此时的大阿哥、二阿哥都已经离开无逸斋，开始从事一些康熙吩咐下来的实际性事务，以积累经验。三阿哥胤祉只比胤禛大一岁，两个人关系很一般。胤祉博学多才，母亲一族又是朝廷大族，他根本瞧不起胤禛，总是用睥睨的眼光瞧着胤禛。

漫长的学习生涯中，胤禛发现无逸斋唯一的亮色来自于十三弟胤祥。胤祥小胤禛八岁，两人非同母所生，从小却朝夕相处。胤祥还小时，胤禛就奉康熙之命开始教胤祥算术。胤祥性格开朗，特别喜欢胤禛，两位年轻的皇子感情日深。

胤禛教授算术时，尽心尽力，将当时最先进的算术理论一起传授给了胤祥，包括从西洋传来的欧式几何与简单代数。胤祥特别聪明，算术学得非常好，不管多么复杂的算术题，都能解开，着实是个算术天才。到他七岁时，算术水平已经远远超过了其他阿哥。他俩丝毫想不到，在多年后，他们会用这些算术方法，去计算整个帝国的财政与税收。

胤祥不仅头脑聪明，气力也很大，身体特别灵敏，无论什么样的武功和兵器套路，一学就会，一会就精，箭术更是出神入化。他小小年纪

便能在疾奔的战马上，射中三十米外的箭靶。这让康熙对他赞不绝口，也让胤禛更加喜爱这个弟弟。胤禛毫无保留地照顾着胤祥，两个人的兄弟情极深。长大成年后，胤祥成为胤禛所有阿哥里唯一交好的兄弟，更是他的得力助手和最强大的盟军。这完全得益于兄弟俩在一起学习时培养起来的感情。

时光飞快，康熙三十六年（1697年），胤禛的大儿子弘晖出生了，这一年胤禛二十岁。他早已离开无逸斋，开始负责一些朝堂事务。有了弘晖之后，胤禛变得更稳重了，他处事十分得体，不争不抢，不仅和胤礽关系良好，和胤禔的关系也开始缓和，所有的阿哥都对这个四弟或者四哥赞不绝口。胤禛越来越成熟稳重了，处事大方得体，回旋有据，不仅太子胤礽更加器重他，胤祥更是将他视为人生知己而追随他。

此前，康熙三十五年（1696年）二月，准噶尔部再次叛乱，而且拒不投降，康熙再次下诏亲征。这次沙场征战，大阿哥胤禔作为先锋营的副统领随军参战，胤禛奉命掌管正红旗大营，同时出征的还有五阿哥胤祺、七阿哥胤祐、八阿哥胤禩。这一次统兵出征，除了胤禔，其他诸皇子其实并没有真正参与作战，康熙只不过是让众皇子历练一下，得到一些军事经验。这一战，胤禔出尽风头。他率领的先锋营还用上了大清的新式武器——火铳和"母子炮"。在战役中，母子炮大显神威，仅向噶尔丹大营开了三炮，就炸死敌军数十人，伤者近百人。敌军溃败，噶尔丹吓得败逃。

三个月的时间里，清军大破敌军。噶尔丹在众叛亲离的情况下死去。至此，长达十年之久的平叛始告结束，喀尔喀地区正式纳入清朝版图。

班师归来，其后，康熙大封有功之臣，连带着众多皇子们也纷纷加封。朝堂上，太子胤礽因为留守京城监国有功，康熙大肆褒奖了一番；大阿哥因为战功赫赫，三阿哥因为编书有德，俱封为郡王，两个人喜不自胜地磕头谢恩。

当念到胤禛的名字时，却只被封了贝勒。胤禛心中一惊，他一直认为康熙对自己感情很深，至少超过了对三阿哥的感情，可是这次封赏惊

醒了胤禛，同样是寸功未立，三阿哥可以封郡王，自己只能封贝勒。他装作很激动的样子，跪倒磕头谢恩，等待康熙的点评。

据清史记载，康熙对他此时的评价是，"胤禛意志坚定，头脑缜密，是个难得的治国之才，但是喜怒不定，让朕着实放心不下。先封个贝勒，待以后有所作为再论功行赏。"皇父的评定让心高气傲的胤禛在失落之中感到无地自容，朝堂上的大臣们也小声议论。随后，五阿哥、七阿哥、八阿哥、九阿哥都被封为贝勒，是皆大欢喜。

分封皇子，相对削弱了太子的力量和权力，对太子是一次考验。同时，诸年长皇子有权有势以后，又加剧了与皇太子的矛盾，诸皇子及其党羽的共同打击目标是太子及太子党。于是，皇帝与储君，诸皇子与太子之间的矛盾进一步错综复杂，对抗日益加剧。受到康熙册封后，皇子们接管了部分朝政事务，让诸多皇子看到了上位的机会，于是有些皇子的势力开始扩展至朝廷，乃至地方。

胤禛认为康熙这样封赏自然有他的道理，自己切不可抱怨，当隐忍淡定，厚积薄发，方能继续获得康熙的信任。他息心忍性的政治性格，正是从这一天开始逐渐形成的。

第三章 谨小慎微

时代在变换，朝堂风云迭起，各种势力扭结在一起，相互激撞，相互融合。大阿哥二十六岁，太子二十四岁，都是年轻气盛，魄力十足，身边聚拢了许多拥护的朝臣。

大阿哥处处针对太子，极力表现自己各方面都比太子优秀。虽然不可能改变立储这一事实，但是胤禔却希望太子被自己逼疯，从而给自己带来政治上的转机。胤礽聪慧好学、文武兼备，康熙亲征准噶尔部时，他代为祭祀、监国，颇具令名，康熙帝对他极为重视与宠爱。但是，太子也觉察到胤禔自从随军亲征后，在康熙心里的地位直线上升，也有了隐忧。为了巩固自己的地位，他也要主动出击，拉拢一些实力派的臣子。

太子胤礽是清代历史上唯一一位、也是中国官方正史上最后一位明立太子。康熙的曾祖父努尔哈赤、祖父皇太极死前都没有公开确定并宣布皇位继承人。努尔哈赤死后由八旗旗主公推新汗；皇太极死后由实力较强的诸王、大臣议立新君。由此引起的争夺大位的事件，几乎是兵戎相见，使政权濒于分裂。

清军入关之后，也始终面临着皇权和旗权的斗争，原因就是八旗制度下，八旗贵族的势力过于庞大。皇权与旗权之间有统一，也有矛盾。入关前，旗权占主导地位。顺治帝病逝前，想不遵祖制，以兄弟为继承人，但他的愿望没有实现。最后由顺治与孝庄、诸王、大臣等商量，决定由皇三子玄烨来继承皇位，四大臣索尼（正黄旗）、苏克萨哈（正白旗）、遏必隆（镶黄旗）、鳌拜（镶黄旗）辅政。皇权与旗权就这样取

得了平衡。

当时鳌拜在四辅政大臣中地位最低，但索尼年老多病，遏必隆生性庸懦，苏克萨哈因曾是摄政王多尔衮旧属，为其他辅政大臣所恶，导致鳌拜得以擅权。此后鳌拜结党营私，日益骄横，竟发展到不顾康熙的旨意，先后杀死户部尚书苏纳海、直隶总督朱昌祚、巡抚王登临与辅政大臣苏克萨哈等政敌，引起朝野惊恐。最后鳌拜败在少年康熙手中，虽然免于刑戮，但身死禁所，成为中国历史上强悍不驯权臣的代表。

康熙幼时学习并接受了儒家经典。他熟悉中国历朝统治经验，深悉预立储君有利于皇权的连续性与稳固性，是巩固清王朝统治的头等政治大事。他开始接受历代皇位继承的经验，特别是明朝皇位嫡长制的继承传统。

康熙立胤礽为皇太子，为的是强化皇权，削弱旗权。康熙即位之初，发生了"三藩"之乱。吴三桂伪托"朱三太子"蛊惑人心，以之为号召，煽动起叛乱，使康熙帝见识到了"明朝末代太子"的威力之大。他命人杀掉吴三桂唯一的儿子、在北京做人质的额驸吴应熊，以丧其志，绝其望；同时，自己也立皇太子，为身后预做准备，并有壮大声势、稳定人心、加强皇权、巩固统治的作用。当时的效果还是非常明显的，是一个良策。

由于皇太子胤礽此时是不负众望，克尽厥职，"举朝皆称皇太子之善"。康熙也很满意，他给太子的朱批说："皇太子所问，甚周密而详尽，凡事皆欲明悉之意，正与朕心相同，朕不胜喜悦。且汝居京师，办理政务，如泰山之固，故朕在边外，心意舒畅，事无烦扰，多日优闲，冀此岂易得乎？朕之福泽，想由行善所致耶！朕在此凡所遇人，靡不告之。因汝之所以尽孝以事父，凡事皆诚恳敦切，朕亦愿尔年龄遐远，子孙亦若尔之如此尽孝，以敬事汝矣。因稔知尔诸事谨慎，故书此以寄。"

这时的胤礽贤明、敦厚，是一位文武兼备的完美皇太子，因此深得朝臣赞许，更是皇父的骄傲。康熙屡次外出，皆不忘问候留在宫中的爱子；有时胤礽可能对于给皇父写信的事不太重视，康熙便十分焦急，在他心中，太子是他生活中不可或缺的一部分。有一次，他甚至在给太子的书信中说"此间尔请安文书隔绝，朕内心不安。"当康熙帝亲征准噶尔之时，因"对尔不胜思念"，就让在京的太子将其"所穿棉、纱、棉葛布袍四件、褂子四件寄来，务送旧物"，称"为父思念尔时穿之"。

得到康熙如此关爱的胤礽身体健硕、眉清目秀、一表人才，且颇具令名，甚至连当时在清宫供职的法国神父白晋，在给国王路易十四的报告中也对胤礽大加称赞，"可以说，此刻已二十四岁的皇太子，他那英俊端正的仪表在北京宫廷里同年龄的皇族中是最完美无缺的。他是一个十全十美的皇太子，以至在皇族中，在宫廷中，没有一个人不称赞他。都相信有朝一日，他将像他父亲一样，成为中华帝国前所未有的伟大皇帝之一。"

从康熙初立储君始，他与皇太子胤礽之间已经有了长达二十四年的皇帝、皇储关系。不过，谁都没有想到，在以后的岁月中，康熙依然体格康健，精神矍铄，创造了中国历史上皇帝在位时间最长的纪录。胤禔在一旁时刻谋取太子之位，这让胤礽开始变得十分不耐烦，也导致他心里日渐失落。更可悲的是，胤礽陷在保太子之位的烦躁心理中后，做事开始出现考虑不周、茫然而动的迹象。

康熙喜欢巡视天下，他经常把皇子们带出书斋，从行军打仗到笼络蒙古，从察看水情到巡幸江南，他不遗余力地教会皇子们各类从政技巧。对于众位阿哥来讲，与其说他们伴随着康熙行走过大半个中国，不如说是行走在康熙理想中的完美世界里。

就在这一次次的巡视中，太子胤礽见识到了花花世界的种种奇妙之处，他渐渐发生了蜕变，东宫的花销也开始高于皇帝。他开始有意识地结交地方要员，半推半就地收取豪礼，还搜刮民脂民膏。

不得不说的是，原先知书达理的胤礽"忽然"变成这样，另一方面也是康熙对他的溺爱与骄纵造成的。首先，索额图为太子所定的规格几乎与康熙等同，太子胤礽的仪仗、冠服（只有尺寸有些许裁剪）远远望去，竟和皇帝出行相似。有些大臣曾就此事上奏康熙，康熙却不作回复，默许了胤礽的仪仗，结果使胤礽变得越来越没有约束。

胤礽的脾气逐渐暴躁。有几次，他因为心情不爽，竟然鞭挞平郡王讷尔苏、贝勒海善、镇国公普奇等臣下。许多士兵护卫等都曾受到太子的鞭打和拳脚。当众人到康熙处告状时，康熙却加以包庇，甚至"以身作则"——处置忤逆太子的人。总之，太子胤礽的一切过错在康熙处均能得到包庇，康熙不厌其烦地选撤太子的侍从，因为他坚信自己的儿子无甚过错，是儿子身边的小人教坏了太子。

笼子里的权力终于被放出来了，胤礽迫不及待地在表现自己东宫储君的身份。每次跟随康熙出行，胤礽所用皆较康熙上乘，并召见负责接待的地方官员。胤礽不仅收礼，还命令地方官员进献给他。面对清廉的地方官，胤礽无从索取财富，恼羞成怒，一次竟然想处死为官正直的江宁知府陈鹏年。为了仪仗的风光、体面，他还私自扣留蒙古进献的贡马，这让蒙古各部都开始不信服康熙。

此外，私生活不检点的胤礽还放肆地广罗天下美女，与这些美女在一起鬼混。虽然多年以来，康熙制定了严格的宫中秩序，太子党仍能想尽办法从江南购买年轻貌美的少女供胤礽享用。康熙一直纵容胤礽胡来，他了解胤礽时常和那些宫外的女人们幽会，但是却没有约束他。

长期的姑息养奸，使得高高在上的胤礽变得不思进取，沉迷于酒色，最终养成了不可一世、蛮横无理的性格，之前的君王气度已荡然无存。他乖戾暴躁，四周早已树敌无数。许多原本不想参与皇子之争的臣子们改变了初衷，他们不想看到蛮横的太子胤礽即位，担心自己受到太子的迫害。

相比之下，大阿哥胤禔开始得到群臣的爱戴，他广交天下豪杰，对人和蔼可亲，毫无皇子的架子，在群臣和军队中是更有威信。这一逆转让胤禔争夺太子之位的决心更大了。

此外，八阿哥胤禩的呼声也很高，他礼贤下士，彬彬有礼，出手大方，也是广交天下英豪。有人开始称呼他为"八贤王"，尽管此时的他还不是郡王，但是所有人都认为他很快就会封王。

康熙四十一年（1702年），康熙到山西五台山礼佛，胤禩伴驾随行。经过龙泉关时，康熙问他有何抱负，胤禩作诗云："隔断红尘另一天，慈云常护此山巅。雄关不阻骖鸾客，胜地偏多应迹贤。兵象销时崇佛像，烽烟靖始扬炉烟。治平功效无生力，赢得村翁自在眠。"

康熙看了此诗称赞但也不无遗憾地说："你的兄弟们都快争得头破血流了，你还能这样闲情逸致，也算难得啊！"

康熙四十二年（1703年），康熙南巡，在镇江金山的江天寺留宿时，他看到胤礽的手下又带着几个美丽的少女进了太子房间，心中不悦，便在廊下望月。恰好胤禛来送奏折，康熙便和他随便问答了几句。胤禛仔细揣摩康熙的心情，觉得皇阿玛心中有事。

第二天，康熙为寺院书写了"动静万古"的一块匾额。胤禛想了一会，作诗和云："宿慕金山寺，今方识化城。雨昏春嶂合，石激晚潮鸣。不辨江天色，惟闻钟磬声。因知羁旅境，触景易生情。"

康熙读了诗后，久久不语，最后在诗中"石激晚潮鸣"一句上用笔画了一个圈。

胤禛拿回诗作后，想了很长时间，渐渐地似明白了什么。他盘算着每次康熙帝出巡时所带的阿哥，发现了这样一件事：除了皇太子胤礽之外，只有他与胤祥会经常随驾。胤祥是唯一一个每次都要随驾的阿哥。胤祥因为经常和太子伴驾，两个人的关系也非常好，是坚定的太子党。胤祥伴驾自然是因为他为人耿直，武功高强，做事认真谨慎，少言慎行；而自己能经常伴驾肯定是因为不参与阿哥间的争斗，不刻意表现自我，能上能下，毫无怨言，是个十足的孝子。想到这一点，胤禛很满意地点了点头，他要的就是这种结果。只要皇阿玛认为他是个好儿子，就足够了。至于别人怎么说，都无关紧要。

胤禛从这次出巡途中发生的若干事中品味出，国家已经开始笼罩皇权斗争的血腥了。他要极力控制自己的手脚，不要引起众人的注意。在多次随父巡游中，胤禛了解了各地的吏治民情，目睹了康熙处理政事的情景，获得了官场情况的第一手资料，增长了见识。如此巡游四方是年轻的胤禛向社会学习的好方式，这对他日后参与皇位的争夺和即位后的治理，都有极为重要的意义。多做事少说话，不引起康熙的猜疑，也不惊动其他阿哥，胤禛谨小慎微地行事。也许是旁观者清，他的个人形象

反而是众位阿哥中最淳朴的。

南巡队伍返程经过山东德州时，太子胤礽忽然生病，一行人便留驻在德州。起初，康熙还在兴致勃勃地与翰林院侍读学士陈元龙等谈论书法，谈到兴起处，这位骄傲的父亲说到胤禛的书法最近功力见长。大臣们惊异地发现，胤禛模仿康熙书法的临帖与康熙苦练数十年的书法颇为神似。

康熙称赞了胤禛。胤禛当众很得体地跪倒，口称："皇阿玛经常指导儿臣的书法，胤禛幸好能有寸进，否则真的辜负了皇阿玛的苦心教导。"

众大臣纷纷称赞，孺子可教也！

太子久病不愈，康熙决定先行回京，留太子在德州调养，同时命令留守北京的大学士索额图南下照看太子。索额图曾是少年康熙身边的侍卫。在鳌拜权倾朝野的时候，康熙以商讨政务为借口召他来，两人定密计让强壮的小内监学习摔跤，在鳌拜不备时擒拿鳌拜，声色不动地除掉了这个朝廷巨瘤。清除鳌拜及其同党后，康熙才真正掌握实权。索额图是首功，仅仅三年时间，年纪轻轻的索额图便由侍卫跃居保和殿大学士、太子太保。在明珠倒台后，索额图不仅不收手，反而更加飞扬跋扈。康熙考虑到太子的颜面，不想降罪他的母族，一直隐忍，可是索额图仍没有收敛。

作为"太子党"的首领，索额图早就开始利用各种机会提升胤礽的声望，树立太子的权威。在制定太子仪制时，索额图授意太子的衣物一律使用黄色，其规格几乎抬高到和康熙不相上下。

在康熙御驾亲征，平定准噶尔的战争期间，索额图担心康熙会战死，竟然让胤礽做好了随时登基的准备，甚至龙袍都做好了。如果康熙不幸战死或者因病死去，那么太子胤礽就即刻登基，不给随军出征的胤禛任何机会。这一切，自然被康熙的探子察觉，报告给了他。康熙忍住了，毕竟战火无情，万一死在前线，太子即位也说得过去。

当康熙班师回朝后又得知，有四个太子党的人一直在窥视他的一举一动：两个是御厨，一个是茶房里的人，一个是名叫德珠的随从。此事

败露后，康熙颇为震惊，思前想后，他只是将这些人处死，并没有过深地追究幕后。实际上，康熙明白，胤礽本善并没有这些鬼主意，这些人一定是索额图安排的。可是，时政变换，朝廷重臣不宜频繁更迭，康熙又隐忍了。

这一次，索额图奉命照料太子，他迫不及待地南下德州，旁若无人地乘马直至太子住所中门。周围的人感到惊恐不已，根据皇家律例此举乃是大不敬的死罪。太子却不加责怪，在德州一月有余，胤礽与索额图朝夕相处，亲密无间。

很快，康熙的密探回报，索额图正在谋划一件大事，好几个军营中将领出入频繁。

大事？什么大事？还要背着自己搞？是索额图要搞事，还是太子要搞事？一连串的问号难倒了康熙。

在腥风血雨中即位的康熙自然不简单，他自然有他的情报系统，他很快便得到更多的情报——太子胤礽真的有不臣之心。气得康熙大骂：“不法祖德，不遵朕训”。

索额图自知已经成为康熙的心腹大患，如果不提前动手，早晚会败在康熙的手里。他助太子“潜谋大事”已然是箭在弦上。他搜罗众多朝臣为党羽，将一些因获罪而心怀怨愤的八旗旧部收入麾下，已经成为国中最黑暗的势力。这些顽固势力趋奉太子，对不附己者施威震众。索额图看到康熙身体健朗，再有二十年也未必驾崩，而此时太子的名声越来越差，引起康熙的不满，再有犹豫或许先机就失去了。

经历多年的政治风浪，康熙也敏感地直觉到，如果他不先下手，这位童年时的政治伙伴就会抢先下手。

康熙四十二年（1703 年）秋，康熙突然命令骁骑营逮捕索额图，以最快的速度将其押赴至京城听审。索额图被囚禁，太子有些惊慌失措，他还没有完全准备好，事陷被动，所以只能静观其变。只要索额图挺住，康熙拿不到证据，他就有翻盘的机会。

索额图被拘禁后，朝廷上下一片沉默，没有人敢出来揭发他的罪行，众人都害怕日后太子登基，索额图复出会大加报复。

臣子们不敢，那就让阿哥们出头，康熙密令三阿哥胤祉、八阿哥胤禩前往羁押索额图的禁所审问索额图。为了保密起见，两位阿哥雷厉风行地把宗人府看守的兵丁也都换掉了。即便在胤祉、胤禩狠毒刑罚的逼供下，索额图依然顽抗到底，不肯牵连任何人。他哀求道："奴才已无言可供，求主子怜悯，饶奴才一命。"得到胤祉、胤禩的密报后，康熙迅速而秘密地处决了索额图。

索额图用自己的性命保住了太子党的山头，但太子党的活动并没有就此停歇，反而愈演愈烈。他们心怀恐惧，担心康熙下一个动作就是废太子，于是日夜窥视着康熙的活动。

胤礽不能忍受康熙的长寿，索额图已死，胤礽有点按捺不住了。他不知道，康熙比他想象的更长寿，他是还有十多年的太子使命没完成呢！这个时候就着急有点过早了。

索额图的阴灵依然笼罩着康熙朝，这让康熙不得不时刻警惕自己的安全。

康熙四十七年（1708 年）夏，康熙帝再次出巡。他不相信身边的侍卫们，这些人为了前程什么事情都做得出来。他选定了胤禔和胤祥护驾，这两位阿哥武艺高强，而且忠孝仁义，让他非常放心。这一次，一向稳重的胤禛受到了康熙的关照，他作为办理京城事务的留守没有随驾。

胤禛送走了父兄们的队伍，他完全没有想到，当队伍归返北京城时，会发生那么多的事情。也许是侥幸，胤禛没有伴驾，反倒幸运地躲过了一场无妄之灾。

一切事情的导火线，是十八阿哥胤祄患上的一场小小的流行腮腺炎。胤祄是康熙宠爱的汉族密妃王氏所生，自北京启程时七岁的胤祄便已患病，急于南行的康熙没有留下他在宫中治疗，仍然令他随行。

九月初二，经过一路的颠簸，胤祄的病情不但没有得到有效控制，反而急转直下，生命垂危。康熙带着几位阿哥亲至十八阿哥的帐篷。抱着垂危的胤祄，他的心被懊悔、焦灼、痛苦吞噬着。就在此时，处于自责、绝望中的康熙注意到胤礽，这位国家的储君、胤祄的兄长是一副冷

漠的样子站立在一旁，甚至仍在和随从们谈笑。相比之下，胤禔还能围过来，看看自己的弟弟。

康熙终于爆发，他狠狠地斥责了没有手足之情的胤礽。他怒骂："这是你的亲弟弟啊！他就要死了，你一点也不悲伤吗？他叫了你七年的哥哥，你一点亲情都没有吗？"此时康熙才悲愤地发现，他容忍这位皇太子已经长达三十多年。从小到大，胤礽从来没见到过康熙对自己发火，他惶恐了，手足无措，忙着跪下认错。

康熙让他滚，胤礽逃回自己的大帐里。众阿哥都劝康熙息怒，又忙着出去寻找良医和名药。

胤礽回帐后，觉得当众被骂，丢了脸，就鞭打随行大臣和侍卫泄愤。挨打的人告状无门，只能咬着牙硬挨，直到胤礽骂累了、打累了才住手。

两天后，胤祄死去，这给康熙透支的耐心压上了最后一根稻草。康熙也病倒了，他病得很重，一大半是心病。除了对胤祄之死的悲伤，还有对胤礽的失望。病榻中的康熙脾气很差，经常发火，伴驾的臣子和众多阿哥都提心吊胆。出巡的队伍被迫停下来，等待康熙病情好转。胤禔等几位阿哥异常焦虑，他们都担心康熙死去，这样胤礽就会顺利登基。唯有胤礽，当他得知康熙病重后，非常开心，让随从不断打听康熙的病况，并命亲信准备好龙袍备用。

顽强的生命力让康熙挺了过来，他在病榻上了躺了三天，终于能进食，又焕发了生机。他召伴驾的几位阿哥进账训话。众阿哥都以为康熙要驾崩了，也许这是最后召见他们留遗诏的时候了，都心急如焚地走进大帐内。

胤禔、胤禩、胤祥等人走进大帐后，看到憔悴的皇阿玛是好生生地活着，无不喜极落泪，跪倒痛哭，欣喜之情溢于言表。只有胤礽，看到威严的皇阿玛稳稳地坐在椅子上，竟然流露出极其失望的神色，然后就患了"面瘫"——脸上丝毫没有见皇阿玛病情好转的欣喜，竟完全是一副事不关己的样子。康熙一眼就看出了胤礽心里的小算盘——看来自己又"活"了过来让太子失望了。

康熙站起身来，怒骂："逆子，你这个不孝之子，朕病得如此重，你竟然一点都不悲伤，是不是朕活得太久了，耽误你登基了？朕今天便废了你！"

说完，康熙抽出挂在床前的宝刀，就要砍胤礽。胤祥一跃而起，拦住康熙的胳膊，大喊："皇阿玛不可，二哥再有不对的地方，也是您的孩子，儿臣恳请皇阿玛息怒，息怒啊！"

康熙一挥手，给了胤祥一耳光，怒骂："滚开！朕还没死，你们就敢违逆朕意吗？"

胤祥死死抱住康熙的腿，哭喊："皇阿玛息怒，儿臣不敢。"

胤礽忙跪下请罪，不停地磕头。其他阿哥见状也跪倒，请康熙息怒。

康熙起得有点急，感觉一阵头晕，摇晃欲倒，胤祥连忙扶住他坐下。康熙用刀指着帐外，让胤礽滚出去。

胤礽连滚带爬地跑了出去。望着他的背影，康熙一刀砍在面前的几案上，然后倒在龙床上不语。他挥挥手，让众位阿哥都退下去。

就在康熙倒下的一瞬间，大清朝的两座"丰碑"倒塌了。此后连续六天六夜里，愤怒与羞愧的火焰炙烤着康熙，他担心太子孤注一掷发动政变，以至于经常坐卧不安，无法正常入睡。这位自信的帝王根本想不通，胤礽受到了当时世界上最好的教育，被自己照料得那么精心，为什么会出现如此没有亲情的恶行。康熙是惊恐不安，他白天昏昏欲睡，夜晚却辗转反侧，每天都喝数十杯酒却毫无醉意。他觉得自己看到了危险而惴惴不安，不断地调换执勤的侍卫。康熙不知道随驾的队伍中谁是太子党的人，他喝的哪口汤里会被下毒。在愤怒的狂澜中，康熙下令将索额图的儿子格尔芬、阿尔吉善等六名党羽立刻诛杀，有将索额图家族斩草除根之意，要以绝后患。

太子最有实力的党羽被康熙剿灭了，胤礽彻底慌了。他感觉到世界末日就要到了，多年来花天酒地的生活，醉生梦死的浮华，让他已经不再是那个睿智、有担当的太子了，而是一个空有头脑却又异常怪僻的不孝子。在随后的夜晚，胤礽像游魂一样在康熙的帏幄旁边游荡，扒开帐篷的缝隙向内窥视。这位从没考虑过别人心情的太子，此时希望通过一条缝隙窥探父亲的心，看看父皇背地里怎么说他。他偷窥的举动，恰好被负责保卫康熙的大阿哥胤禔抓了个正着。

胤禔拎着胤礽的衣领，将他押到父亲的帐内，并且添油加醋地汇报皇太子企图行刺。胤礽急忙辩解，康熙半信半疑，便传来十三阿哥胤祥。胤祥进账后，胤禔又富有想象力地描绘胤礽想要行刺被他当场擒获的过程。

胤祥说："皇阿玛，这几日白天儿臣确实曾看见太子在帐外走动，但是没看到太子扒开帐篷缝隙窥视，儿臣不敢苟同太子有行刺之意。儿臣愿以性命为太子担保，太子是非常爱您、尊敬您的。"

太子胤礽感动至极，连忙点头，哭诉："皇阿玛明鉴，儿臣绝无行刺之意，只是担心皇阿玛责罚，心中惶恐，才来打探。儿臣行事鲁莽，请皇阿玛原谅儿臣……"

康熙大怒："闭嘴，胤礽，朕岂能任你欺瞒。胤祥，朕一向最信任你，让你随驾护卫。前几日你已然看到胤礽在帐外游荡，意图不轨，竟然无动于衷，置朕的安危于不顾。如不是胤禔警醒，朕岂不是着了太子的道。如今胤礽都被抓现行了，你还替他狡辩，胤祥，你究竟安的什么心？前几日，你就极力阻拦朕，让朕无法惩治胤礽，朕是看明白了，太子给了你什么好处？是许诺你做亲王还是铁帽子王？朕还活着呢，你们就敢如此放肆吗？"

胤祥几次辩解，都被盛怒之下的康熙打断。他命人将胤祥关押起来，听候发落。

悲愤失望到极点的康熙最后选择相信胤禔。他担心太子发动政变，当即召集伴驾的诸位王公大臣，公示了皇太子的诸多罪状，当场宣布废黜胤礽的皇太子之位。

出乎康熙的预料，在场的臣子竟然没有一个人为太子求情，很多人还流露出如释重负的神情。这让康熙更加震怒：这不仅是太子失德，也是自己教子无方所致。当众臣子散去后，康熙捶胸痛哭，天子之仪全然不顾。

这是一个充满悬疑与杀机的九月。康熙命大阿哥胤禔监押胤礽回到

京师，再将胤礽囚禁在上驷院旁边的毡幄之中。为了让胤礽深刻反省，也为了避免他与党羽串通口供，康熙又命大阿哥胤禔、四阿哥胤禛和九阿哥胤禟担任看守。

胤祥被圈禁在自己的府邸中，不允许出府门半步。胤禛心急如焚，却无法解救胤祥。

最开心的是胤禔，一次性解决了两个最强有力的对手，他别提有多高兴了。看守胤礽期间，他多次羞辱太子。最后，胤禔再下了向康熙表"忠心"的决定——他要"代替"皇阿玛杀掉太子。

胤禔凶相毕露，尽管康熙早已明确表示：大阿哥禀性躁急、愚顽，朕没有立胤禔为皇太子之意。但胤禔已是利令智昏，竟然奏请杀掉胤礽。他一副深明大义的样子，说："皇阿玛，胤礽不孝，竟敢谋逆，儿臣愿为皇阿玛解忧，亲手杀掉这不仁不义的胤礽，不让皇阿玛背负杀子的恶名。"

康熙气得是脸色煞白，他万万没有想到，自己这个大儿子的心肠竟然如此歹毒。今天胤禔想杀胤礽，如果立他为太子，不知道哪一天他就会逼宫。

康熙一巴掌抽在胤禔的脸上，痛骂了他半个时辰，告诉他这辈子别做太子的梦了。盛怒之下，康熙差点把他送进宗人府关押，最后让他回去深刻反省。

胤禔真是一步走错，满盘皆输啊！他后悔自己的鲁莽，可是已经晚了，康熙发现了他的狠毒之处。胤禔知道自己永远无法翻身了。如今自己已经没有退路，和太子已经彻底翻脸，日后太子如果翻盘，自己肯定没好日子过。怎么办？他思前想后，还真想出了主意，那就是支持其他阿哥争太子位。掂量了很久，胤禔选择了胤禩，他决定找合适机会向康熙推荐胤禩，这样自己的未来也有了保障。

刚过两天，胤禔便向康熙举荐八阿哥胤禩。他举荐的方法仍拙劣到极致，简直是白痴的行为，这使得他的举荐简直就像是一场政治陷害。

胤禔对康熙谏言："有个叫张明德的相面术士说'胤禩日后必大贵，能堪大任'，请皇阿玛考虑立胤禩为太子。"愚蠢的胤禔竟然把一个算命者的话转述给康熙。

这位术士叫张明德，在京城内各位王公大臣府邸间钻营，到处宣扬胤禩有成为帝王的贵相。这个胆大妄言的算命者引起了康熙的怀疑，他立即派人追查。这个看相的张明德果然是到处说："胤禩全身上下祥云笼罩，福寿禄三神附体，贵不可言。"

又有探子回报：胤禩听此算命者的说法后，竟然微笑不语，坦然接受。康熙彻底起了疑心，他开始留意胤禩的行为。

上驷院旁边的毡幄前，胤祯焦灼地想拯救废太子胤礽。他反复地揣摩过康熙的心情后，大胆地在康熙面前多次保奏胤礽。胤礽也知道自己前途、性命未卜，希望阿哥们替他陈奏他的辩白。大阿哥胤禔严词厉色地拒绝了他的要求，只有胤祯愿意替胤礽传话。

胤祯对康熙说："皇阿玛，太子让我告诉您，'父皇若说我别样的不是，事事说得都对，只是弑逆之事，我实无此心。'请皇阿玛明察，太子虽然有很多不是，但绝不会弑君谋位。胤祯愿以性命担保。"

极其失望的康熙终于看到了人间春色，看到了亲人间的情感。他叹着气道："胤祯，如果其他阿哥都能如你这样互相爱护，胤礽也不至于走到今天这一步。朕知晓了，你下去吧！"

当天，康熙就命人拿掉了胤礽项上的锁链。胤礽感动得落泪，一直拜谢胤祯的相助。胤祯满脸悲凉，握住胤礽的手直叹气，让胤礽感动得热泪盈眶。

胤祯对胤礽说："二哥，不要担心，等皇阿玛消了气，我会再去恳请，让二哥早日离开此处。"

胤礽感叹道："不到此时，真不知道谁是真心对我，除了你和胤祥，其他阿哥都巴不得我早些死去。可惜连累了老十三，我对不住他啊！若我能出此牢狱，得到皇阿玛的原谅，我一定会报答你们。"

胤祯半天无语。他很庆幸自己没有卷入到这场是非中，如今"太子党"几乎瓦解，已经很难再有回天之术，这次没有随驾真是万幸。只是胤祥依然被圈禁在府中，他要想办法救他出来。胤祯安慰着胤礽，让他静心思过，早日得到皇阿玛的宽恕才是正道。

胤禛之所以这样做，自有他的道理。太子被废后，胤褆、胤禩的地位明显地超过众兄弟。胤禛很清楚，新储君还轮不到他。他和胤褆、胤禩等人关系一般，太子换人，对于他来说并没什么好处；若太子复立成功，反是会增加他的分量和实力，因此他才为胤礽说话。不过，胤禛也不得罪胤褆和胤禩，与他们分别维持了良好的关系，不时往来。

在康熙帝面前，胤禛也频频为兄弟们说好话。康熙帝曾说，胤禛"为诸阿哥陈奏之事甚多"。几年前，当胤禛被封为贝勒，胤禩等人封为贝子时，胤禛就为此启奏，说都是一般兄弟，胤禩等人爵位却低，愿意降低世爵以提高他们，使兄弟们地位相当。类似这样的事，胤禛做过不少，他总是替弟兄们说好话，在别人有需要时即给予支持。因此，激烈争夺储位相互敌视的兄弟们都对他怀有某些好感，至少没有把他作为对手。

胤禛八面玲珑、以退为进，争取兄弟们的好感和支持，建立、扩大了自己的力量。他虽然对皇位火热渴求，手段却十分高明。他靠着自己的韬晦之术，提高了自己的身份和地位，表现出不平凡的政治活动才能。他不仅让胤礽对他感激涕零，也让康熙看到了他的忠厚和孝心。

正当废太子胤礽苦苦思过之时，三阿哥胤祉向康熙揭发了一个令人发指的阴谋：大阿哥胤褆与蒙古喇嘛巴汉格隆有来往，希望用巫术镇魇胤礽，并且在自己的府邸里，将镇魇物件埋藏十余处，幻想着这位蒙古喇嘛能够咒死自己的亲生兄弟。胤祉此举自然是有他的目的，一旦胤褆被彻底打倒，那么接下来他就是康熙最佳的太子人选了。

康熙听闻此事，心中大惊，宫中严禁巫术镇魇，胤褆胆敢如此，真是大逆不道。他立刻命令亲信搜查大阿哥府邸。果然，侍卫们在大阿哥的宅院里搜出了许多魔魅之物。说来也怪，就在搜查到这些魔魅之物的当口，上驷院里发生了一件奇怪的通灵事件。

据清史资料记载：胤礽突然发疯，做出各种奇怪的举动，一会攀上柱子，一会爬上假山，一会如老牛嘶鸣，一会如小狗撒欢，突然又要寻死觅活地自杀。守卫们不得不牢牢地将他抱住并报告康熙。康熙赶到后，大喝一声，瞬间胤礽就清醒过来，惊异地问周围人方才他做了什么。胤礽是事前得到暗示故意为之，还是真中了邪，不得而知，反正康熙是相信了镇魇一事。

康熙那颗本来柔软的心，此时再次软化下来。他一度认为废太子已经无药可救，但搜出镇魇之物后，康熙开始相信这是因为废太子被魔魅缠身所致。曾经，太子的堕落让康熙陷入到无穷的苦恼和自责之中，如今，这个让康熙想不通的"太子异变"的根源"大白天下"了，皇太子的失常竟然是大阿哥胤禔的巫术镇魇所致。

在宫中行巫术镇魇，按照律例大阿哥已属死罪，连大阿哥生母惠妃也向康熙奏称胤禔不孝，请置正法。康熙不忍杀死自己的亲生大儿子，只是革除了他的王爵，将他幽禁终身。康熙对胤礽仍旧怀有鞠育之情，他将胤礽的"贪暴纵恣"归结为"为鬼物所凭附，狂易成疾"，因此深深地陷入矛盾和痛苦之中。他不相信自己辛辛苦苦培养太子那么多年，到头来却收获一个狼心狗肺之人。他既大骂胤礽，又心疼胤礽，更对胤禔怒火难消。其实，用我们现在的观点来看，清朝采用嫡长子皇位继承制册立的皇太子胤礽，并无所谓狂易之疾，而是有着较重的心理变态，其诸多暴戾残虐行为，都与此有密切关系。胤礽个性的突出特征是心胸褊狭，性格暴躁，敏感焦虑。这既有先天因素，但更主要的还是他所处的环境使然。

胤礽生母赫舍里氏怀孕的后一阶段，也是胎教最重要的时期，恰值三藩之乱初起，清廷倍感窘迫之际。面对这种相当不利的形势，赫舍里氏的复杂心情，恐怕要超过后宫的所有人。由于她的头生子已夭折，康熙曾为此深感痛惜，所以，再次生子，便是赫舍里氏身为皇后的首要职责，亦为康熙帝、孝庄期盼之至。如果康熙帝重新有了嫡嗣，将在与三藩的力量对比中增加实力，而赫舍里氏也可因此而进一步巩固其中宫地位。可是，如果此次生下公主，则将使她愧对夫君与太皇太后，留下终生遗憾，故形成较重的心理负担。赫舍里氏在孕期有紧张、焦虑心态，这种情绪会对胎儿产生一定影响。胤礽秉性暴躁，或许有此先天性因素。赫舍里氏生下胤礽时，年方二十二岁，此前已曾生育，这次却因难产去世，不排除与她在孕期过重的心理负担所产生的负面作用有关。

胤礽被册立为皇太子之后，从此处于极尊地位。康熙帝对他疼爱之至，无人敢对他指责一字，都是竭力加以奉承。胤礽十四岁前，曾祖母孝庄虽然健在，但年高多病，已不能像培养孙儿康熙那样，亲自督教曾孙。在这种极为特殊的成长环境中，胤礽从小养成极强的优越感，目空一切，认为除皇父康熙帝外，一切人皆不如己，应在自己的支配之下。就像现在的某些娇生惯养的独生子女一样，上面有父母、爷爷奶奶、姥爷姥姥的无私宠爱，养成一身恶习，无法承受任何挫折，不能容忍任何不如意之事，否则便大发雷霆，通过攻击、虐待、伤害他人来发泄不满，甚至以此为乐。胤礽就是在这样的环境中长大的，这使胤礽逐步产生了很强的权力欲望及滥用权力的习性，在生活方面享有与皇帝等同甚至有所超越的待遇，又使他自幼具有对物质财富的强烈占有欲，养成挥霍无度的作风。这是胤礽残暴、贪婪的思想根源。缺乏限制的权力以及为其任意索取的财富，彻底腐蚀了他的身心，促使其性格中的两大弱点日益彰显：一方面，原有的暴躁、焦虑等个性特征更加突出；另一方面，本已较差的心理承受力，进一步降低，精神极为敏感、脆弱，变态心理由此萌生。

康熙帝对于胤礽的培养方式，也存在很大偏差。当胤礽当着他的面将一位大臣气恼地推入荷花池里时，康熙只是责怪地瞪了他一眼，并没有惩罚他。康熙对胤礽的恶劣行为视而不见，对其缺点百般包容，却又最大限度地满足胤礽的奢求，"以感悦其心，冀其迁善也。"

康熙一直认为教育可以感化胤礽，可以纠正他的缺点，所以在满汉文化知识学习方面抓得很紧，希望他能够读书明理、文武兼通、宽仁孝悌，温文尔雅。可是，胤礽在知识学习上大有长进，令人欣慰的同时，其贪婪、自私、残暴、为所欲为的思想作风，也在恶性发展。应当说，康熙对于胤礽的这一严重问题，并非毫无觉察，但只是幻想通过让胤礽学习知识，特别是学习儒家修齐治平之道，使之感悟，改正其恶行。同时，他又以胤礽具有较高的满汉文化素养，"其骑射言词文学，无不及人之处"，期待高学识能带来高素质，以此来安慰自己，以减轻他对胤礽畸形发展的忧虑。这种自欺欺人的做法，只能加速悲剧的来临。

此外，满汉传统文化的交互作用下形成的特定氛围，也对胤礽造成巨大的精神压力。

胤礽仅仅凭依嫡长子身份而获储位，这同满族推荐最优秀的皇子为太子的传统政治理念并不相符。在仍然受到满族传统文化影响的满族宗室王公内心深处，原本就对植根于汉文化土壤的皇太子角色，感到陌生，并抱有一定抵触心理。只是皇权强固，康熙决意实施这一制度，这些皇族和八旗贵族们只有服从而已。胤礽性格作风上的恶，促使他们进一步产生对嫡长子皇位继承制的怀疑，加重他们对于这一制度的最大获利者——储君胤礽的反感。

立储后陆续出生的众皇子，皇长子胤禔也是，更因皇太子胤礽的存在，剥夺了他们竞争皇位的权力与机会，直接损害到其切身利益，因而对胤礽产生不满与妒忌。加之胤礽对众兄弟欺压凌辱，部分年长皇子中终于形成反太子派。

胤礽不可能不觉察到这些骨肉手足及皇室懿亲、王公大臣的不满甚至敌意，感到一股强大的反对力量正在步步紧逼，使自己日益陷入被动境地，储位岌岌可危。这一严峻形势，使胤礽的变态心理加重。大量事例表明，他的"肆恶虐众，暴戾淫乱"，也含有以此减轻来自各方面压力，缓解自己焦虑和恐惧，并迷惑政治对手的意图。为了早日消除危机，胤礽只能寄希望尽快登上皇位，那样就没人和他竞争了。可是，康熙是一个视权力为生命的人，他怎么会在自己身体还健康的时候退位呢？

无论是太子骄奢觊觎皇权，还是胤禔权力欲望的过度膨胀，这一切都随风而逝了——胤礽和胤禔斗得两败俱伤。他们的众多亲信们也大多得到了控制。不过，争夺太子之位如不散的阴魂，依然笼罩着国家。

第四章　富贵闲人

　　皇太子胤礽被废黜以后，八阿哥胤禩成为最耀眼的太子候选人。康熙任命他署理内务府，并查处原内务府总管凌普。凌普本是胤礽的奶公，康熙派他做内务府总管，是为了让他照顾胤礽，但凌普却依仗太子的势力横行不法。这次康熙就拿他开刀，彻底打击了太子党。

　　在内务府总管的任上，胤禩没有把握住这次康熙对他重用的机会。他依然按照一向宽仁的作风，希望草草结案，放凌普一马，顺便讨好内务府上下的官员。结果他大事化小，小事化了，于是凌普从胤礽死党变成了胤禩的铁杆粉丝。

　　康熙闻讯大怒，认为胤禩此举无疑是收买人心，意在谋取皇权。

　　康熙把众皇子召到乾清宫，公布胤禩的罪状，宣布要锁拿胤禩。他说："胤禩柔奸成性，妄蓄大志，朕素所深知。"康熙说，他的党羽早就相互勾结，想要谋害胤礽，今天就锁拿胤禩，交与议政处审理。"

　　朝堂之上，支持八阿哥的皇子们集体反对康熙，他们竟然公开与父亲发生争吵。九阿哥胤禟、十四阿哥胤禵竟身带毒药，前来谏阻。父亲的话音刚落，年少气盛的胤禵马上奏称："八阿哥无此心，儿臣等愿保之。"

　　康熙怒斥道："你们两个是指望他做太子，日后登基封你们两个亲王吗？你们的义气，我看就是江湖义气！"

　　胤禵回语激动，他发誓力保胤禩没有这样的用心。当康熙不理睬他时，他掏出毒药就要服用，幸亏被旁边的大臣们拦住。

　　康熙气得不行，喝道："你想死容易得很，我现在就赐你死！"说完

拔出佩剑，走下龙椅，砍向胤祯。幸好五阿哥胤祺反应快，他赶紧上前一把抱住康熙的腿，跪求父皇息怒！众皇子见康熙被抱住，也赶紧叩首恳求康熙放下剑。康熙余怒未消，他把佩剑扔在地上，命人将胤祯责打二十大板，然后将胤祯和胤禩两人逐出大殿。

两位阿哥身带毒药、视死如归的表情，一直刻在胤禛的记忆里，他明白了团队的重要性。随后，胤禩被革去贝勒，贬为闲散宗室。前面所说的张明德是情况极为可恶，康熙下令凌迟处死。胤禩一党的阿哥与王爷们被康熙逼迫观看张明德被一刀刀割肉剔骨的惨状。同时，凌普等一干案犯均被处以刑罚。

康熙悲哀地预感到，他死后皇子之间必将有一场厮杀。思来想去，他认为胤礽尽管有缺点，但是足以震慑众多阿哥，大阿哥胤禔已经不足为虑，看来还是把皇位传给胤礽较好。

这位脆弱的老人一厢情愿地笃信，胤礽的行为属于"中邪"。此后的日子里，康熙经常对胤礽多加询顾，与臣下的言谈中特意流露出欲复立之意。

清史记载，大半个月后，康熙找来宠臣李光地，语义双关地询问："胤礽的病如何医治方可痊愈？痊愈后如果恢复到原来的样子，朕还是愿意接受他的。"

康熙一步步地启发这个伶俐的臣下主动提议重立胤礽。李光地躲闪不掉，只好语义双关地回答："徐徐调治，是天下之福。"

康熙微笑道："很好，李光地，你回去后周知一下，朕还是希望臣子们拥护胤礽啊！"

康熙对爱臣"提前打招呼"之后，召满汉文武大臣齐集畅春园，指令这些国家的精英，从诸位皇子中选举出堪任太子之人。

这一次，康熙十分客套地表示："无论众议推选出哪位，朕即从之。"他满怀期待地等着群臣理解他的心思，响应他的倡议。可是，他根本没有料到，大臣们早已带着阴谋聚集于此。

大学士马齐是胤禩的铁杆粉丝，他对另一位大学士张玉书说："众人欲推举八阿哥胤禩。"张玉书会意一笑，又明示他能左右的大臣。

在众臣齐聚时，理藩院尚书阿灵阿等人在手心中书写"八"字密示在场的诸臣。诸臣心中顿悟，于是大臣们"民主"选举的结果是一致推举胤禩。胤禩竟然得了大部分选票，三阿哥有两票，五阿哥四票，其余阿哥仅获一票，胤礽也是一票。

康熙完全没有料到，一向乖巧的大臣们已无心思洞察他的圣意。他们更喜欢宽厚仁义、礼贤下士又出手大方的八阿哥胤禩，而不是暴戾的胤礽。

康熙尴尬地说："皇八子胤禩未曾办理过政事，近又犯下重罪，而且他的母亲出身微贱，故不宜立为太子。你们可再重新推选太子人选！"

众臣唯唯诺诺，没有人响应。李光地只是低着头，站在人堆里，一言不发。康熙数次要和他对视目光，期待李光地带头号召大家推举胤礽为太子，可是李光地就像个入定的老僧一样，就是不抬头。康熙没办法，只好宣布退朝。随后，他特意传谕李光地，毫不掩饰自己的愤怒："昨日召你入宫，曾对你有过暗示，你今日何无一言？"

李光地道："皇上，臣已经尽力，事前知会了多位大臣，无奈他们都推选了八阿哥。"

康熙明白了，和蔼地说："爱卿，你回去后，再把朕的意思告诉他们，胤礽经过此次劫难，已经幡然醒悟，痛改前非。"

李光地只好再次表态："臣一定尽力而为。"

第二天，康熙再次召开扩大会议，他召集了在京的所有重臣与诸王，絮絮叨叨说着自己的梦境，说他梦到太皇太后孝庄文皇后，还梦到胤礽的生母孝诚仁皇后，都是"颜色殊不乐"的样子。两位德高望重的死人成为康熙复立胤礽的感情催化剂。

可是，无论康熙怎么循循善诱启发在场的臣子，他们都一副听不懂的样子。再看李光地，也是一副无可奈何的样子。康熙明白了，他们这是无声的抗议啊！

康熙不顾皇家脸面，亲自向众臣宣布："皇太子前些日子被魔魅，本性却没有被湮没，加意调治后，如今已经痊愈矣。朕考虑再三，胤礽禀性极佳，可以重新复立为太子。"

满朝官员低头不语，既不迎合，也不反对。无奈之下，康熙只好硬着头皮下令："李光地，你去传旨，释放胤礽，恢复他的太子身份。"

为了安抚诸位臣子，康熙当庭封赏胤禩，赏赐了诸多财物，并委以重任。八阿哥的党羽见胤禩获重用，也稍稍安心了。

太子复立之后，警觉的康熙终于静下心来。他回忆这几天发生的事情，忽然意识到一个严重的问题：胤禩太有民心了。

在那场自己设计的"民选"太子朝会中，胤禩一人得到了几乎所有重臣的选票，康熙在震惊之中感到了嫉妒与恐慌。这些人如果某一天，集体拥立八阿哥做皇帝自己岂不是要退位！

康熙花费了几个月时间，暗中了解八阿哥党的名单。推举胤禩之人，竟然包括朝廷砥柱、大学士兼议政大臣马齐，康熙的舅舅兼岳丈佟国维，工部右侍郎揆叙，户部尚书王鸿绪，贝子苏努等满汉重臣。这些高官显贵们把胤禩看成是"未来的皇帝"，那场高票通过的"民主选举"，更像是对康熙信心满满的一场嘲笑。

康熙怒了，太子复位，多么不易，竟然还有胤禩在一边虎视眈眈，他不能不为太子解决胤禩这个危险。康熙在朝堂之上大骂马齐等人"如今，马齐、佟国维竟然与胤禩结为同党，欲立胤禩为皇太子，殊属可恨！你们难道不知道，胤禩母亲一系累世为罪人，他的母亲出身贱族吗？"

马齐被训斥之后，忍不住抗辩了两句。康熙气得火冒三丈，竟然跳下御座。当着众多人的面，这个五十六岁的皇帝，完全不顾体统，去厮打那位五十八岁的老臣。朝堂之上一片混乱，被打的马齐气愤难平，竟然毫无惧色拂袖而出。随后，马齐被夺职拘禁，其弟马武也被革退，佟国维被训斥，户部尚书王鸿绪被责令退休。康熙对朝中的八爷党进行了一次清洗。

胤禛冷眼看着这一切，他发现了政治斗争的残酷，懂得了取得实力派大臣支持的重要性。隆科多此时一直蛰伏，没有在太子被废又复立这件事上受到影响。佟国维选错了队伍，被康熙彻底打倒。可是，国家还要运转，康熙不久后便让马齐复出，出任武英殿大学士兼内务府总管，以维持满汉大臣间的平衡。马齐的复出让胤禛清楚地发觉，貌似温和的

胤禩一党拥有着巨大的政治能量和盘根错节的关系网。太子稍有不慎，还有可能再次翻船。太子重新复出后，对胤禩十分感激，想要报答他。胤祥也恢复了自由，但是失去了所有的官职，仅保留贝勒爵位，而且不能离京。太子和胤禩都多次向康熙求情，都未能让胤祥重获信任。

胤禩有点心灰意冷，开始倾向于吃斋念佛，和太子也不像以前那样走动频繁了。

胤礽的储位失而复得后，因反太子力量仍然存在，对其威胁日重，他重新成为众矢之的，同反太子派的对立更加尖锐。这种情况下，他的心理变态，亦即康熙帝所言"狂易之疾"，不但没能去除，还进一步加重。

为了发泄自己的压抑、怨恨与不满，胤礽殴打凌辱属下人员到达歇斯底里的程度。他怀疑周围一切人，甚至其手下小太监如厕，"皆遣人伺察"。对此，康熙帝感叹道："以此观之，当无处不留心伺察者矣。"这一典型事例恰恰表明胤礽在皇权与反太子势力的夹击下，有如惊弓之鸟，惶惶不可终日。因时刻担心失去储位，胤礽长时期处于焦虑之中，逐渐对所有人都失去信任，予以敌视，并以施虐他人的方式，发泄对诸皇子及王公大臣的怨恨，寻求心理上的平衡。胤礽照旧骄奢淫逸，常派家奴到各省富饶地区勒索财物和美女。对胤礽的不法行为，康熙从稳定社会的大计出发一再迁就，但太子依然故我。

康熙如此抓狂，让胤禛的思想也有了改变。太子行为怪异，暴虐十足，让胤禛感到一丝不安。自己一直被认为是太子的人，如果太子再次倒台，他将彻底失去靠山，永无出头之日。胤禛决定必须不能再回避这件事了。他苦苦思索，终于下定决心参与太子之争，但是他不会明目张胆地进行，而是要隐秘进行。

胤禛躲在家里琢磨这些事，胤祥不请自来。一年多的圈禁让他受了很多苦，康熙对他的误解更让他身心受损，以至于患上一种奇怪的病症——双膝疼痛难当。圈禁期间，只有胤禛为他多次哭求皇阿玛，这让他更加觉得四哥对他真心真意，从此放弃了支持太子的想法，转而坚定地追随胤禛，为胤禛争夺帝位出谋划策。

胤祥道："胤禩此次失利，就是锋芒太露，结果损兵折将；我认为咱们应该暗中准备，积聚力量，先让他们斗得你死我活，咱们再收渔翁之利。我想暗中打造一个可靠的情报机构，隐秘打探他们的一切行踪，从而采取对策。唯有知己知彼，才能百战百胜。"

胤禛完全同意胤祥的建议，自此之后，胤祥异常低调、默默无闻，暗地里为胤禛争夺帝位做铺垫。因为太子，胤祥受到康熙的责罚，被限制自由，无旨不能离京，也不能参与朝堂政事，这么一来，胤祥倒是不再引人注意了，成为一个闲人。每天胤祥可以去花鸟市场遛早，可以去馆子喝酒，这就给他创造了隐秘招收能人异士的机会。

八旗子弟都爱遛鸟养鱼。为了掩人耳目，胤祥在自己的府内设置了一个名为"粘杆处"的小机构，表面上专事粘蝉、捉蜻蜓、钓鱼、捉鸟等事。不难推想，胤祥是把政敌比作鱼、蝉、蜻蜓一样的小动物来撒网捕捉、加以控制的。这"粘杆处"实际是胤祥专设的特务机关。从这以后，胤祥就派自己的亲信外出寻访江湖奇人异士，挑选其中最值得信任和培养的年轻人收拢在"粘杆处"，一边秘密训练，一边收集情报。这支表面上做着家丁杂役的队伍，暗地里四处刺探情报，挖掘他人的隐私。就这样，在胤祥的帮助下，胤禛暗地里积极筹备，加紧了争储的步伐。

两个月过去了，太子复位的事已经尘埃落定，不再有人聒噪了。康熙终于不再烦恼，在朝堂当众表扬胤禛："前拘禁胤礽时，无一人为之陈奏，惟四阿哥胤禛性量过人，深知大义，屡在朕前为胤礽保奏，似此居心行事，洵是伟人。"这是康熙首次在朝堂上公开表扬胤禛，但是胤禛不敢大意，更不敢翘尾巴。

胤禛这样回答康熙："儿臣自幼多蒙太子教诲，深感其恩，不忍太子受禁，故向皇阿玛陈情。"

这一番话让康熙非常感动："好！知恩图报，又手足情深，难得！"

胤禛深知康熙曾经严肃地讲过"诸阿哥中如有钻营为皇太子者，即国之贼，法断不容"的话，他不敢过多渲染，也不想被人继续冠以"太子党"的人。他改头换面，比以前更加低调地为人处世，他借用"参佛

"悟道"的手段把自己打扮成为一个"富贵闲人"。

佟佳氏去世后，胤禛经常为皇额娘焚香念佛，祈祷她能早日功德圆满。他喜欢谈论佛道、重视释迦也是事实。他曾经自行辑录了一些和佛教有关的文字汇编成集即《悦心集》，内中收录的《布袋和尚呵呵笑》，词云："我笑那天上的玉皇，地下的阎王，与那古往今来的万岁，你戴着平天冠，衣着衮龙袍，这俗套儿生出什么好意思，你自去想一想，苦也么苦，痴也么痴，着什么来由，干碌碌大家喧喧嚷嚷的无休息。"

自太子复立之后，胤禛开始把吃斋念佛作为一个政治上的面具，希望以此迷惑众人，从而远离纷争。有个别的阿哥还是不死心，他们认为依然有重新竞争太子之位的机会，因此极尽周旋，希望康熙能重视自己。

此时，大阿哥胤禔被圈禁，再也无力发声了。

三阿哥胤祉凭借超强的大脑，组织起许多学术界大儒编书著说，希望凭借才华引起康熙的喜爱，这是一个迂回战术。

胤禛除了每日板着脸在衙门里处理分内政务，其余时间都在府中吃斋念佛，洁身自好。

五阿哥胤祺此时已经掌管了一个旗的兵力，但是他不参与太子之争。

六阿哥胤祚早已死去多年，还有十一阿哥也是早亡。

七阿哥胤祐很聪明，他不求有功但求无过，安分地做着自己分内的事情，远离太子之争。

八阿哥胤禩是最积极争夺太子位的人。他伙同九阿哥胤禟、十阿哥胤䄉、十四阿哥胤禵形成了一个"八阿哥党"，有不少朝廷重臣加入，就连康熙的亲哥哥裕亲王福全也十分欣赏他。

十二阿哥胤裪出生后曾被苏麻喇姑收养。在苏麻喇姑的教导下，他与其父康熙一样有才干。在"九子夺嫡"中，他始终保持中立，从不结党。在这场残酷的斗争中，胤裪是一位颇有政治头脑和才干的皇子，多次奉旨办理各种政务。胤裪最后是得到善终，一直活到乾隆朝。

十三阿哥胤祥在兵法上不差，武功高强，精于谋略和筹算。胤祥的生母敏妃章佳氏，是康熙比较宠爱的一个妃子，但是在胤祥十三岁那年

就死了，后来胤祥由德妃抚养。从这时起，胤祥就和十四阿哥生活在一起，但是他们俩的关系却一直不好，他反倒跟胤禛走得很近，也算是奇葩了。胤祥"诗文翰墨，皆工敏清新""精于骑射，发必命中，驰骤如飞"，典型的文武全才，他甚至曾经单独猎过一头老虎。康熙也曾派他去泰山代父祭天，这于古代帝王是非常慎重的事情，当时有许多人认为十三阿哥的前途不可限量。可惜康熙一废太子时，康熙认为胤祥不忠不孝，遭受了致命的牵连。甚至太子都复位了，胤祥依然没重获信任。胤祥自幼受宠，是个心高气傲的主，受不了这个打击而生病。此后多年间，胤祥默默无闻，仿佛在世间消失了一般。在拘禁期间，他得了一种叫做"鹤膝风"的病，大概是现在的"骨结核"。这在当时，算得上一种绝症，容易复发，不能劳累。太子复位后，康熙解除了胤祥的禁足，允许他有事上折子，但是严禁他出北京城。胤祥是康熙年间唯一一位没有受封的成年阿哥，这与他年少时候受宠形成鲜明对比。除了胤禔，胤祥算是康熙年间政坛上摔得最惨的一位阿哥，这也导致心高气傲的胤祥最终倒向胤禛，神不知鬼不觉地辅佐胤禛角逐皇位。

十五阿哥及其之下的几位阿哥，都没有参与太子之位的争夺，所以得到的待遇都不错，大多善终。

胤禛现在每天都会盘膝趺坐，双目微合，眼观鼻，鼻观口，口观心，敛神入定。香烟袅袅，他逐渐忘却自己是个凡人，他请的迦陵性音大师就在他身边，陪他打坐，给他讲解佛经妙义。

据清史记载，迦陵性音大师佛法高深，他经常发出振聋发聩之语。一日，迦陵禅师双手合十，满脸欣喜地说："恭喜，施主已彻悟了。"

此时，太子之位的争夺更趋激烈，然而胤禛却与太子更加疏远，"一心向佛"。太子也对他失去了耐心，对他的期望也不似以前那样高了，渐渐把他忘却了。胤禛的目的达到了，他终于摆脱"太子党"成员的嫌疑，成为一个"无党无派"的闲散阿哥。

此外，胤禛和其他的几位阿哥关系都好得很，尤其是与八阿哥的关系。胤禛结好胤禩的目的很明确，因为胤禩的声望在他之上，而且手伸得很长。一废太子之后，胤禩主管内务府，胤禛没有必要开罪于他，同

时也可以利用结好他的机会探知胤禩集团的内幕。这是胤禛比胤禩、胤祉乃至胤禵等人心思缜密的地方。胤禩看不透胤禛的内心，把他当成老实人，很相信他，有些内幕也时常告诉他，胤禛做到了知己知彼。

胤禛结交众阿哥的行为似乎向众人宣告，他和胤礽的关系已流于平常。胤禛在争夺储位的过程中，善于玩弄两面手法，其手腕随着政治经验的递增而越加娴熟、高明——他既有同情太子的记录，也有伙同胤禩的轨迹，还有康熙的"诚孝"评语。这也正是后代史学者认为他"八面玲珑"的原因。

胤禛与三阿哥胤祉也保持着良好的兄弟关系，经常互有往来、宴请。此时，也只有胤禛与胤祉把康熙看成一个孤苦的老人。在诸皇子争夺皇位日渐激烈之时，两位阿哥却极力表现出对皇父的诚孝，经常到康熙住处问安，并关心康熙的身体健康，这让康熙对他们两人的关注度有所上升。

康熙四十八年（1709年）正月二十日，低调务实的胤禛被封为亲王，并充任镶白旗旗主，他的府邸也改名为"雍亲王府"。做了亲王，自然要增加福晋的数量，于是胤禛娶了年氏为侧福晋。

年氏有一个哥哥在朝中为官，名叫年羹尧，他因此成为胤禛的亲信。年羹尧非常有抱负，和胤禛只见了两次面，就赢得了胤禛的信任。不久，年羹尧被调入汉军镶黄旗，并被任命为四川巡抚。年羹尧到任后，大力培植自己的亲信，并积极办理当地事务，受到康熙赏识，被任命为四川总督兼管巡抚事。此后，他在边陲多立战功，成为拥立胤禛的重要人物。

成为雍亲王之后，胤禛的修为又进了一层，他察觉到了太子的异常举动，他预感一场史无前例的风暴又要来临。如果能把握住机会，自己就有了天大的机会。

太子胤礽重回东宫以后，首先便反思了第一次被废的教训。他认为自己的失败在于手中没有兵权，对康熙、对皇子们没有根本的震慑能力。这次他下了大力气，通过送钱财、许愿加官进爵等手段把步军统领托合齐、兵部尚书耿额、刑部尚书齐世武等人纠集到自己身边。

步军统领此时全称"提督九门步军巡捕三营统领"，就是京城内威风凛凛俗称的"九门提督"，掌京城守卫、稽查等诸多安全事项，统辖部队三万余，官居正二品。胤礽把这些重要的将领握在手里自以为得计，殊不知他魔高一尺，他那些皇弟们的道行也高了一丈。

胤禩党人使出了一个奇特的政治手段。工部右侍郎揆叙与理藩院尚书阿灵阿等人大笔花钱，买通能言善说的小人，在官民聚会之所散布各类不利于太子的小道消息。很快，太子的各类小道消息，从京城内外一直散布到边疆各省。

康熙派出了十个侍卫监视胤礽，可是太子根本不把这些侍卫放在眼里，想打就打，想骂便骂，甚至威胁要杀掉侍卫的亲人。康熙发现，这些可怜的侍卫们总是极度地疲劳，满面愁容，不胜惊恐，他终于意识到，如果太子再次被废黜，这个世界上已经没有人会为他哭泣。最后有实在忍受不住虐待的侍卫回来禀告康熙：胤礽对亲信露骨地说"古今天下，岂有四十年之太子乎。"康熙听后，喃喃自语道："索额图的阴灵又回来了。"

康熙五十年（1711 年）秋，多罗安郡王去世，步军统领托合齐于其丧事期间，纠集部分满族官员多次聚集在都统鄂善家饮宴，被人告发。此类饮宴本是禁止，但康熙皇帝起初认为饮宴可以宽宥。值得注意的是，这次参加饮宴人员除步军统领托合齐外，还有刑部尚书齐世武、兵部尚书耿额和八旗的部分军官。这些人掌握一定的军事权力，尤其是步军统领一职，直接负有保卫皇帝之责。这引起了康熙皇帝的警觉。他认为托合齐一伙会饮是为太子笼络朋党。这是可能的，太子早就厌烦了数十年的等待生活，多次向人抱怨。即使太子本人没有异心的话，但谁能保证他的党人不鼎力拥戴呢？

经过调查，康熙越来越相信自己的判断，托合齐等人极有可能要以武力逼迫自己传位给皇太子。康熙愤怒地指责托合齐等人为"乱臣贼子"。耿额原本是索额图的下属，一贯对索额图忠心耿耿；托合齐也属索额图一党，前次废太子事件时，康熙对他法外开恩；兵部尚书耿额的父辈、祖辈是索额图的家奴，更有为索额图报仇的动机。他们的相聚绝

不是巧合，而是一个危险的信号。

康熙即刻着手布局了一盘棋，他借一个微不足道的贪污案，将太子党徒一个接着一个揪出来，尽数绞杀。这些党羽死状非常可怕：刽子手用铁钉将刑部尚书齐世武钉在墙壁之上，齐世武号呼数日而后死；步军统领托合齐在狱中病死；耿额被判以绞刑；鄂善被幽禁。不仅是这样，康熙又下令将托合齐的尸体挫成灰烬，抛撒到荒野，期待索额图的阴灵彻底消散。太子惶恐，他的逼宫大业还未展开，就夭折了。他不断感慨，姜还是老的辣。

就在那一年，在参加对步军统领托合齐的审讯时，胤禛便已经暗自留意，皇太子企图夺权的关键人物是步军统领——掌控京城九门之匙与京城三万劲旅的总管。他悄悄知会隆科多务必借此良机大力清查托合齐党羽，行事一定要果断，向康熙表现出忠诚和干练。果然，康熙大加赞赏隆科多雷厉风行的做事风格，任命他为新的步军统领。隆科多的升任，让胤禛看到了一线希望。

那年初冬，康熙巡视塞外回到北京畅春园的当天，就搞了个突然袭击。在畅春园里，几位朝廷重臣和管事的大太监跪在地上，双手被捆在背后，胤礽不知所措地站在前列。康熙从龙辇上下来，便公布太子的罪责："皇太子胤礽，自复立以来，狂疾未除，大失人心。祖宗弘业，断不可托付此人。"从此，永远废除了胤礽的太子储位，将他幽禁起来。

聪明的胤禛注意到，康熙帝第二次废黜太子时，已经是毫不介意胤礽的生死了。他在回到畅春园的余暇间，谈笑间就将自己培养了三十八年的儿子，永远地圈入高墙之内。

三阿哥胤祉见此乱局，终于顿悟，主动退出了竞争。他再也不积极编书了，而是寄情于山水，完成分内工作即可，多余的人一概不见，分外的事一概不参与。

与胤祉相反的是，胤禩更加勇猛地冲了上来，大有太子之位舍我其谁的架势。

但胤禛意识到，康熙对自己的皇位有了危机感，尤其是来自太子的挑战，谁上谁就要遭殃。康熙和太子纠缠的死结是心魔，是生死。

此刻，胤禛借助禅定的智慧，淡定地看着在为君权奔忙的胤禩，看着他拙劣的表演，他感到了胤禩的可悲。

康熙永久地废掉胤礽皇太子之位后，声名远扬、人气爆棚的胤禩天真地以为，康熙会有对皇太子的第二次"民选"。他按捺不住内心的喜悦，竟直接去问康熙，"皇阿玛，是不是又要大臣们推选太子了？我该怎么做呢？是否应当装病？以免大臣们再次举荐我？"这样掩耳盗铃式的问询，更像迫不及待的刺探。

康熙顿时恼怒，他讽刺地挖苦道："你胤禩是如此之能，天下谁人不知'八贤王'的大名。何须装病？即便病入膏肓，都会被人从床上抬出来举荐不是？"

胤禩尴尬地说："皇阿玛误会儿臣了，胤禩只是不想给皇阿玛增添烦恼罢了。"

"朕不用你挂念，你去做你的'八贤王'好了，朕等着臣子们来举荐你！"康熙冷笑着。演砸了这场戏的胤禩无奈地离去。

胤禩身上的"矫揉造作"行为，总让康熙想起他的母亲卫氏。那个身材妖娆的女子可是善于玩弄手段的人。这个女人的父亲阿布鼐因"负恩失礼"被处死，他的全家被编入罪籍，入辛者库（洗衣房），从事各种贱役。从这个出身来讲，卫氏不仅在康熙的后宫中是最低贱的嫔妃，在整个清朝的受封妃嫔中，卫氏家族的地位也是最为卑下的。可是，这个下贱的女子颇有心计地守在康熙经过的路边，眉目含春，红唇带笑，婀娜多姿。当康熙看到她时，她竟然抬起头媚笑，秀丽的面容，白皙的脖颈，拉低的衣领，让康熙顿时情欲大涨。随后，太监将卫氏带到寝宫，康熙临幸了她。这个女子身材异常火辣，甚至身体都含有芬芳的气息，让康熙神魂颠倒，一连宠幸了她半个月之久。这个女人本应该是个干粗活的宫女，湮没在成百上千个宫女之中。在她卑贱的一生当中，或许只能有一两次与皇帝擦肩而过的机会。但是，就是这么一次的擦肩而过，风姿绝代的她竟然抓住了机会，成为康熙三百后宫中的一位。胤禩那种自我感觉良好的样子，与卫氏那妖娆的女人魅力完全相同。

康熙的眼睛迷离了，时间过得真快啊！这一晃，自己都老了，对女

人也没兴趣了。数了数，连阿哥带格格，自己有一百多个孩子了，也算是古往今来最能生育的皇帝了。可是，孩子多了，也有烦恼。有些孩子一出生就死去了，有养了好几岁死去的，还有十多岁死去的，让他总是生出许多悲伤。那些活下来的孩子们，真正让他省心的没有几个。

太子倒台之后，胤禩竟然如此不知廉耻地想上位，让康熙无比气愤。这个八阿哥自幼聪明机灵、工于心计，不但千方百计地讨得自己欢心，而且尽量结交可以利用的各阶层人物。他请江南文士在南方各地采购图书，便赢得天下文士的好感，称他"极是好学，极是好王子"。许多江南文士在为胤禩摇旗呐喊，这是一股不可轻视的力量。有他们为胤禩歌功颂德，绝不是一件好事，康熙认为应该让江南文士有所收敛才是。想来想去，他叫来胤禛，命他微服下江南，一来了解江南文士的动态，二来查一查江南盐税走私的问题。

临行前，胤禛悄悄见了胤祥，商议了一下。胤祥给他安排了几个"粘杆处"的隐秘高手暗中随行，肩负打探深层内幕的责任。胤祥还向胤禛推荐了一个人——李卫。这个人简直是个奇才，文化水平不高，但是很有骨气，也很有原则，不卑不亢，是个难得的人才。

李卫很快就到雍王府报到，认胤禛为主子。两个人一说话，胤禛大赞。这李卫还真是个活宝，他很满意，就带着一起赶往江南。

中国历史上的盐业实行国家垄断经营，此做法始作俑者是春秋时的管仲。秦朝和西汉初年，均实行盐业官卖制度，在产盐的郡县设置盐官，由政府提供"牢盆"（煎盐的专用锅），盐民负责生产，成品盐由政府定价收购，实行专卖。到了宋朝，逐渐形成了"盐引制"，即商人花钱购买盐引，到指定的盐场取盐，再运到指定的地区零售。

明清时期，官府一直沿袭采用这种"盐引制"。商人如果要合法贩盐，必须先向政府领取"盐引"，每引一号，分前后两卷，盖印后从中间分成两份，后卷给盐商，叫做"引纸"，即"盐引"。

有权力垄断就有腐败，垄断经营中的猫腻，便成了盐商圈子里公开的秘密。盐业专卖自然是由盐运使之类的官员掌控的。这些官员也是人，在缺乏监督和制衡的情况下，他们人性中贪婪的一面往往会恶性膨

胀，盐业圈的腐败由此产生。各地的盐政官成为天下第一肥缺，尤其是统辖江苏、安徽、江西、湖南、湖北、河南六省的两淮盐政官，更是肥缺中的肥缺。

胤禛寝食难安，他太想在皇阿玛面前露一手了。如果能清查盐政上的漏税，不仅可以充实国库，还能为自己的政治魅力加分。

十几日后，胤禛一行人抵达苏州。他装扮成来自辽西的暴发户，一副富家公子哥的扮相，住进了苏州最有名的客栈望月楼，之后很快拜访了当地的大盐商。

这些盐商胆子大到极点，关系网上能通天，下能深入到盐场，盘根错节，形成一个牢不可破的联盟。胤禛递上来的帖子，让盐商多了份喜悦：生意不怕大，这不辽东的客商也来贩盐了。初次见面就在望月楼，胤禛设了一桌盛宴，邀请当地大盐商相聚。这些盐商很快被化名为"黄子琰"的胤禛的风采所折服。他们想打听的京城里的那些隐秘事和皇家隐私，"黄子琰"都了如指掌，信口说出，更增添了几分高贵神秘的内涵。尤其是"黄子琰"手指上戴的扳指更是名贵，腰间的佩饰也显示出其高贵。李卫酒量非常好，他不停地张罗喝酒，和盐商猜拳、行酒令、掷骰子，酒桌气氛空前热闹。众人都喝得不亦乐乎，最后，"黄子琰"开口要十万斤盐。盐商们一口答应，让他过几日听信。

三日后，胤禛接到大盐商的一张请柬，苏州几个大盐商请了盐政出来坐坐，并邀胤禛一起热闹热闹。胤禛欣然前往，他知道鱼上钩了。

盐政每当接到这样的请柬，都会暗暗高兴，其中有个心照不宣的秘密：参加这种商业活动是要发红包的。事情的经过果然如其所料，在酒楼，盐政结识了辽西客商"黄子琰"。"黄子琰"出手大方，见面就拿出一串朝珠，上面有东珠、翡翠、玛瑙、蓝晶石、珊瑚等，价值不菲啊。盐政双眼放光，立刻将"黄子琰"视为知己。请客的大盐商也感觉面子上有光，众人开始饮酒听曲，又叫歌妓陪伴。酒酣耳热之际，大盐商递给盐政一个红包，盐政也没推辞，直接揣在怀里。大盐商告诉胤禛，红包内装有银票两万两。盐政大人拿了银票，十万斤私盐很快就会起运。真是大手笔，胤禛在心里直骂娘。

大盐商行贿自然有其目的。这次增加了"黄子琰"要购买的十万斤私盐，超过了盐商们先前的供货能力，所以必须要求官府增加盐引发放数量，用今天的话说叫做增加配额。他们请求盐政官代为向朝廷奏请。这对于盐政来说，是桩顺手牵羊的买卖，向朝廷申请增加配额本是他分内的工作，何况有两万两银票垫底，他更要写好这份奏折。

盐政的奏折送到户部，康熙很快作了批复：同意在不增加当年盐引的前提下，下一年度的配额可提前使用，同时要求盐商对提前使用的盐引向政府另外支付一笔"预提盐引息银"。皇帝的批复虽说打了折扣，但还是松开了一个口子。大盐商等人无不满意，又给盐政送了个两万两银票的红包，既是表示感谢，又是下一桩新的幕后交易。盐商们请盐政担保，准许他们预先交纳部分盐引息银，余下的做欠交处理——实际上是想等将来找机会赖账。盐政官收了大红包，没有不帮忙办事的道理。于是官场潜规则发挥作用，由盐商出银子，盐官出面在官场上应付，各得其所，双方都得到了好处。

这一肮脏的交易过程，都被李卫和暗中跟随的"粘杆处"隐秘高手查得清清楚楚。胤禛得到了一手证据，便把查案经过向康熙上了密折，汇报了整个查案的过程和细节。

康熙根据胤禛的隐秘调查，隆重地派出钦差大臣详查此案，并令骁骑营侍卫随行探案。钦差大臣对统辖苏、皖、赣、湘、鄂、豫六省的两淮盐政二十年的财务收支兜底清理，结果竟查出了贪污受贿金额高达三百万两、涉及官员数十人的惊天大案。

两淮盐引案曝光之后，康熙皇帝大为震怒，吩咐刑部严肃查处，决不许放过一人。两淮盐政和盐运使均判斩监候。后来随着案件的层层升级，康熙怒火日益上升，下令将他们绑赴刑场，行刑示众。与此同时，许多盐商也被逮捕、抄家，有的杀头，有的流放。

胤禛这次江南行，不仅发现了漏洞，收缴了三百万两银子归国库，他的办事能力让康熙大为满意。不过，胤禛是微服出行，且又冒充辽西客商，传出去有贩私盐嫌疑，因此康熙命令他不要宣扬此事。胤禛知道其中的干系，少说话多做事是他的处事原则。皇阿玛既然都说了，他便

严令此次跟随他下江南的人，务必守口如瓶。

对于江南文士胤禛也有了自己的态度，他带回来一本《南山集》给康熙，却不料掀起了令人发指的《南山集》文字狱。《南山集》案，实际上就是《南山集偶抄》案，胤禛的一个举动竟牵一发而动全身。

此书的内容只不过是为南明争正统，揭露南明隐事而已，但在康熙的过问下，刑部大做文章，前后株连竟达数百人。此书的作者戴名世定刑寸磔（碎解肢体的一种酷刑），此书思想的原创者方孝标定刑戮尸。最后勾决时，康熙闻奏改刑。戴名世斩立决，方孝标之子免死，与其家人流放黑龙江。汪灏、方苞免死，入旗为奴。尤云锷、方正玉免死罪，其家迁徙边远地区。一些因平日与戴名世议论文章而被牵连的人免于治罪。

胤禛并不觉得自己哪里做得不对，他认为这些文士煽动百姓造反，不值得同情。文字狱一开，牵连甚广，不仅作者及其家属、出版者、参订者、抄写人、装订人乃至买书人和当地官员，无一不是谋反罪，都逃不脱了以上命运。因此，每起文字狱案件被奴、流、刑、杀的少则几十，多则几百。告发者往往得以升官发财，于是告讦成风，人人自危。康熙把文字狱当作手中的紧箍咒，用来威胁迫害怀念明朝、对清朝有反感情绪的汉族知识分子。因此，清朝文人不敢研究和反映现实问题，一头钻进故纸堆，搞考证去了，严重地阻碍了中国学术的发展。这无疑是历史的倒退，可是这些帝王只想着家天下，只要自己的皇位稳定就满足了，哪管国家的未来怎么发展。胤禛经历此事，对文字狱的威力非常信服，他继位后，掀起数起文字狱，对中国文化传承和中国文士精神造成不可估量的损失。

就在康熙残酷镇压了所谓的江南文士"反清复明"的大案之后，那个不服气的废太子受到启发，也玩起了文字游戏，结果被康熙抓了个正着。

在北京北部的郑家庄里，废太子胤礽无时无刻不在等待着复出。他终于寻找到一线生机，准噶尔部在新首领的带领下骚扰哈密，朝廷将派兵征讨。这是胤礽逃离圈禁的机会，他趁太医贺孟来给自己福晋看病的机会，用矾水写信给正红旗的都统普奇，让他想办法保奏自己为大将军

出征。

胤礽的矾水密信，唤醒了爱新觉罗家族封禁了两百年的幽魂。两百年前，努尔哈赤的太子褚英，也是因为骄奢不法，被努尔哈赤永远地打入冷宫。将近二百年后，这支宗室的不安分者，总有为褚英报仇之意。如今，第一代废太子家族之后普奇，得到了新废太子允礽的请求，因而陷入到犹豫当中。另一位褚英之后阿布兰则选择向康熙告发胤礽，公开向胤禛一党示好。康熙立即拘禁了普奇，将贺孟打为斩监候。

看来，胤礽贼心不死啊！康熙再次下令，任何与胤礽勾结的人诛九族。消息传来，胤禛拍手称快，如今能和他竞争的阿哥已经没有了。他开始考虑如何乘胜出击，在皇阿玛面前展现抱负。

第五章　兄弟阋墙

在东宫争储最白热化的时候，四阿哥胤禛却整天沉迷在佛道上。从江南回来之后，康熙发现胤禛又回到了先前的样子，穿素服，吃斋念佛，炼制长生不老丹药，一副想要修炼成仙的样子。他自称"破尘居士""圆明居士"，常常在圆明园举行法会，大做佛事，邀请各地高僧探讨佛学，还写了《和硕雍亲王圆明居士语录》《圆明百问》等佛学书籍。由于这些经历，他对佛经教义多有心得，与佛教极为亲近，还常常以野僧自命。

"别的阿哥恨不得早日做太子，胤禛却不贪功，远离是非，倒也难得，朕也就遂了他的心愿吧；胤禛做事干练，不讲情面，眼睛里容不得半粒沙子，不管日后谁继承皇位，胤禛都是一个得力的重臣，也不错；这场是是非非，他还是不沾惹好。"康熙这样对大臣张廷玉说道。

张廷玉是个十分稳重的臣子，他说："皇上，四阿哥洁身自好，忠孝两全，实为众阿哥楷模啊！"

康熙若有所思，他实在找不出哪个阿哥适合做太子，忽然他想到了十四阿哥胤禵。胤禵虽然是胤禩的党羽，但是这几年已经成熟起来，不再是那个愣头青了，大有和胤禩分庭抗礼的架势。他问张廷玉："你看十四阿哥如何？"

张廷玉想了一会，道："皇上，十四阿哥果敢超群，精通兵法，是栋梁之材。"

康熙点头道："以后要多给十四阿哥历练的机会。"

张廷玉很聪明，明白康熙的意思，忙道："喳！"

就在康熙精挑细选新的太子人选时，胤禛却将他"富贵闲人"的名号传播得更广了。

胤禛有他自己的窍门，别人越是急着上位，他越是远离太子之争。雍王府里，总是香烟缭绕。"道许山僧访，棋将野叟招；漆园非所慕，适志即逍遥。"这位"天下第一闲人"吟诵着自己创作的诗歌，不仅时常成为"灌顶普善广慈大国师"章嘉喇嘛的座上之宾，更经常以王爷之尊，跑去和山僧野叟闲谈，和三教九流打交道。

胤禛的闲散不争，让雍王府里的众多"门客"感到茫然。他的心腹戴铎冒死写给他一封信，公开地为他继承大统出谋划策——对皇父要诚孝：适当展露才华，不露才华，英明之皇父瞧不上，过露所长，同样会引起皇父疑忌；对兄弟要友爱：大度包容，和睦相待；对事对人都要平和忍让：能和则和，能结则结，能忍则忍，能容则容。使有才能的人不忌恨你，没有才能的人把你当作依靠。戴铎露骨地表示，雍王府中岂无一二才智之士，如果主子加以栽培，使其成为朝廷重臣，未尝不是主子未来登极之后的倚仗。

胤禛看信之后，颇有收获，这不就是自己正在做的事情吗？看来戴铎也是个人才，需要好好栽培。可是，胤禛很圆滑，他的回答几乎让戴铎心碎："你的说辞虽然是金石之语，但是，对于我来讲却没有任何用途。当皇帝是件大苦之事，我避之犹恐不及，又怎么能做出夺嫡之举？"

戴铎很无奈，就想辞别胤禛，回乡教书。胤禛极力挽留，安排他熟悉闽南风土人情。没过多久，胤禛开始翻修他的圆明园。在圆明园的湖心岛之上，他重新装修了自己的住所"万方安和"，将这里的房屋呈"卍"字形排列。"卍"字，佛教符号，象征吉祥福瑞。

康熙五十三年（1714 年）春夏之交，戴铎远赴福建上任，他清楚自己为何上任，聪明人话不用说透，这显然是胤禛为他安排的前程。在武夷山，戴铎遇到过一个颇有灵通的道人，他便拿了胤禛的生辰八字问及前程，结果这道人写了一个"卍"字。

胤禛一语双关地给戴铎回信说："你能够遇如此等人，是你的造化。"

在这座"卍"字形的房屋里，这位"天下第一闲人"心中清楚，他已经悄悄地越过了皇子们党同伐异的禁区，小心翼翼地解除了康熙帝对他可能结党夺嫡的怀疑。他已经潜入到康熙王朝夺嫡大戏的幕后，可以从容地摆布自己的角色，不动声色地从王爷向"万岁爷"的身份迈进了。

极富耐心的胤禛等来了一个机会，那个风头最盛的胤禩不小心栽了大跟头，再次成为康熙眼中的"逆子"。

康熙五十三年（1714 年）十一月二十六日，是胤禩的额娘卫氏两周年的祭日。他的额娘出身微贱，一生受尽了宫廷的冷遇和白眼。只有胤禩才了解她心底的挣扎与寂寞。康熙因为胤禩的缘故，彻底疏远卫氏。卫氏看到自己的儿子被康熙数次打击，心痛不已，不幸病故。胤禩每天都望着屋内卫氏的画像失声流泪。额娘走了，这个世界上再也无人了解胤禩的孤单与委屈，甚至在一个月后他仍需要让人搀扶。不过，胤禩的悲伤却被康熙讽刺为"沽名钓誉"。康熙的讽刺，只是讨厌胤禩的夸张造作。不出康熙所料，胤禩的悲伤，再次引起朝廷上下，尤其是文人集团的同情。

这一天，也是康熙前往热河进行狩猎之日。康熙在前往热河巡视途中，经由密云县、花峪沟等地，胤禩原该随侍在旁，但因其母二周年的祭日，所以他未同行。胤禩还是进献给康熙两只凶猛的海东青，为皇阿玛助兴。他派了太监去康熙处说明缘由，表示将在汤泉处等候皇阿玛一同回京。

海东青是满人心中力量的化身，当康熙高兴地命人打开装着海东青的笼子时，发现那两只海东青已经委顿在笼中，奄奄一息。送海东青来的太监也说不明白怎么回事。这让康熙勃然大怒，认为是不吉之兆，怒斥胤禩居心不良。在这个疑云笼罩的"海东青事件"中，尽管有人认为海东青与八阿哥胤禩都是被人暗算的，但是康熙已经愤怒了：这奄奄待毙的海东青，成为对年老多病康熙大帝最恶毒的嘲讽。

康熙心脏一阵疼痛，差点昏死过去。他当即召诸皇子，撕碎了他与胤禩之间最后一道温情的面纱，粉碎了对卫氏残存的最后一丝温情。他声称胤禩为辛者库的贱妇所生，自幼心高阴险，如今再行诅咒，胤禩之危险倍于二阿哥。

康熙最后高声断喝："朕与胤禩，父子之恩绝矣！"

那两只垂垂将死的海东青，成为康熙与胤禩共同的梦魇。此后长达两年的时间里，胤禩都活在这个噩梦之中。他不愿意见人，对其下属也避而不见。散心时，他只是带着几位随从人员在各处潜行，见人即行躲避，停驻时设有哨兵。不曾想，胤禩显得有些诡秘的行为又引起了康熙的进一步怀疑。他特派十四阿哥前去探询，甚至令人将胤禩解送御前问话。

整整两年，胤禩都无法消除这无妄之灾带来的委屈与抑郁，那场令人终生难忘的梦魇，终于通过伤寒发泄出来。在病榻之上，胤禩自请御医诊治病情，却不肯服药。他对御医说："我是在皇父前获有重罪之人，如今还有什么脸面求生！"

康熙看到了御医的奏折，只是简单地批复"勉力医治"四字。

在畅春园附近的八阿哥府的病榻之上，胤禩在死亡线上数着日子。他已经把死亡当成一种特殊的倒数计时，他唯一的希望，就是在生命最后的一刻，再看一眼慈祥的皇阿玛。

此时康熙在塞北巡猎，却接到了御医一封紧似一封的奏报。起初，他给御医回复口气严厉的朱批："胤禩从小就好信医巫，被无赖小人哄骗，吃药太多，积毒太甚。此病如果幸运痊愈，那是他的造化，倘若毒气不净再用补剂，似难调治。"

巡猎已久，康熙兴尽而归，他潇洒地结束了塞外之行。大军渐渐地接近了北京城，接近了康熙将入住的畅春园。就在畅春园附近的花园里，垂死的胤禩等待着自己的父亲。

康熙陷入平生以来最尴尬的选择中。康熙的一生都苛刻地保持着身体的纯净，他小心翼翼地保护自己的身体，只要是秽恶之处，绝不亲临；在外出中遇到垂死的人、不洁的病人，务必要躲避。康熙很想去安慰伤心的儿子，却唯恐沾染上疾病的晦气。在回到畅春园的前一日，康熙让诸皇子们商议胤禩是不是需要搬回京城的府中治疗，以避圣驾。

皇子们都体察到了康熙的意图，众口一词，要把胤禩搬回城里。只有九阿哥胤禟大唱反调："八阿哥如此病重，这时候要是搬回家里，万一不测，谁来负责？"

康熙愤怒中大吼："八阿哥搬回城里，万一发生不测，不准推诿说是朕让他回家的。"

胤禩不愿他人为自己受到牵连，他躺在轿子里，在奴仆和家眷的护送下，回到北京城的府里。一路上，他数次流泪，他没想到皇阿玛对他如此绝情，他也醒悟到自己永远没有继承皇位的机会了。何去何从？他不想就此沦落。他要活下去，不管怎样，他绝不能死在康熙前面，他要亲眼看着康熙最后的结局，看看哪一个阿哥能做皇帝。就在路上，胤禩下了决心——力捧十四阿哥胤禵争夺太子位。

为了显示自己对胤禩的关爱，康熙让与胤禩相好的胤禵会同太医斟酌调治，随即又令他心中的八爷党佟国维、马齐、阿灵阿、鄂伦岱等人共同看视胤禩，竭力调治。

一个月后，求生欲望强烈的胤禩大病初愈。康熙命太监带来口谕："朕此处无物不有，但不知与尔相宜否？故不敢送去。"

胤禩被虚伪的康熙感动了。他挣扎着虚弱的身体，跪在初冬的宫门之外，诚惶诚恐地请求康熙："父皇用'不敢'字眼，作为儿子承受不起，请父皇免用两字。"康熙冷冷地斥责道："你往往多疑，尤其是在这些无用之处。"

不管怎么说，胤禩与康熙都熬过了这道亲情的门槛。康熙又恢复了他的俸银、俸米，并交付他办理一些重要政务，在随后的几年里，胤禩每年都随同康熙巡幸热河，有时候还随同康熙到木兰围场打猎。

康熙的心情好了起来，他不断历练众位阿哥，希望从中找到皇位的最佳继承人。胤禵开始担任更多的具体事务，他办事雷厉风行，不留情面，效率之高让康熙非常欣赏。胤禵成为最精明能干的阿哥之一，他主持户部政务，整修黄河水利工程，审问贪官案子，政绩显赫，得到康熙多次表扬。

在胤禵身上，体现了雷厉风行、法纪严明的治政作风，这一点不但一团和气的三阿哥胤祉欠缺，即使别的皇子也有所不及。有一次出巡归途中，康熙责备同行的鄂伦岱结党。鄂伦岱则以国戚自居，虽然不敢顶

嘴，但是气焰嚣张，浑然不惧。胤禛在一旁怒道："此等悖逆的人，何必留他屡次惹父皇懊恼。乱臣贼子，自有国法惩治，若交与儿臣，定将他即时杀了。"还有一次，太监曹之璜向一位办理宫中杂役丧事的官员索要银两，还追打抬夫，致使一位宫女的棺材掉落在地上。当时，胤禛奉命审理此案，针对太监们较为普遍的依仗权势索贿和为非作歹的情况，他主张严惩示众。他以大不敬罪将曹之璜定为斩刑，监候待决。通过这两件事，胤禛给康熙帝留下了威猛的印象。康熙帝是个英武和仁慈兼有的皇帝，因此他既不满意过于仁弱的胤祉，也不满过于狠辣的胤禔，也不满于虚伪的胤禩，胤禛在这一点上恰恰取得了康熙的宠爱。

康熙与胤禛的父子感情，也时有交流，日益融洽。胤礽的两废和诸皇子朋党争位，不顾骨肉手足之情等一连串事件让康熙心力交瘁。只有胤禛和胤祉不断问安，并劝他延医治病。康熙在当时因种种原因成了被众人"敬而远之"的"孤家寡人"，得到胤禛和胤祉二子的关怀感到格外宽慰。在胤祉和胤禛两人中，康熙明显更认可胤禛。

康熙晚年，胤禛年富力强，才能得到了显示，兄弟间的关系处理得也比较妥当，并拥有了一个具有一定实力的势力集团。特别是在康熙那里获得了越来越多的好感，这就为胤禛成为候选人并成功地登上皇位奠定了基础。

康熙五十六年（1717 年），准噶尔策妄阿拉布坦遣其将策凌敦多布袭击西藏，并杀死拉藏汗。四川提督康泰率兵出黄胜关，不料却发生部队哗变。年羹尧遂派参将杨尽信抚谕士兵，并密奏康泰失去兵心，请求亲自赶赴松潘协理军务，又派遣都统法喇率兵赴四川助剿叛军。不久，策妄阿拉布坦占领西藏，年羹尧上疏请求在打箭炉至理塘加设驿站，保证清军后勤畅通。他因此受到康熙帝赏识，被任命为四川总督兼管巡抚事，办理松潘军务。年羹尧率军与策凌敦多布对战，杀敌无数，声名鹊起。

新一代的战将崛起了，除了年羹尧这样的悍将，十四阿哥胤禵也开始在军中崭露头角。为尽快平息西北地区的战火，康熙环顾诸皇子，选中了年轻有为、颇具军事才干的胤禵，从而给了他在政治舞台上崭露头角的极好机会，引起众人的瞩目。

康熙五十七年（1718 年）闰八月，胤禛被任命为抚远大将军，统率大军进驻青海，准备会同年羹尧大军南北夹击策妄阿拉布坦。同时，胤禛由固山贝子超授王爵，"用正黄旗之纛，照依王纛式样"。胤禛出兵之前，九阿哥胤禟亲自登门拜访，直到夜深人静时方归。他送给胤禛四万两银子。临出门前，胤禟发现胤禛的花园很是简陋，随后花费了大量银子替他修理花园。此时，胤禛已经不再是那个身藏毒药、引颈刀锋的毛头小伙了。在胤禩集团中，胤禛很容易就沿着八阿哥的成功路径前进。他通过礼待陈万策、李光地等名臣，顺利地播下"十四爷礼贤下士"的名声。

康熙五十七年（1718 年）十二月，胤禛统帅西征之师起程时，康熙为他举行了隆重的欢送仪式，"出征之王、贝子、公等以下俱戎服，齐集太和殿前。不出征之王、贝勒、贝子、公并二品以上大臣等俱蟒服，齐集午门外。大将军胤禛跪受敕印，谢恩行礼毕，随敕印出午门，乘骑出天安门，由德胜门前往。诸王、贝勒、贝子、公等并二品以上大臣俱送至列兵处。大将军胤禛望阙叩首行礼，肃队而行。"

胤禛如同天子出征一般，十分威武气派。

康熙五十八年（1719 年）三月，胤禛抵达西宁，开始指挥作战。有了胤禟银子作保障，胤禛毫不手软就处理了前线军务上的腐败。他题参了料理西北兵饷不力的吏部侍郎，包揽运送军粮事务的笔帖式，贪婪索贿的都统。胤禛统帅驻防新疆、甘肃和青海等地的八旗、绿营部队，号称三十余万，实际兵力为十多万人。胤禛在军中被称为"大将军王"，在奏折中自称"大将军王臣"。胤禛被任命为抚远大将军以后，意识到康熙对他的莫大信任，因而更加垂涎未来的御座。他临行前，对胤禟说："皇父年高，好好歹歹，你须时常给我信息。"到了西宁后，他和胤禩、胤禟，"密信往来，曾无间断，机计莫测。"

为了提高胤禛在西北军中的威望，康熙降旨青海蒙古王公厄鲁特部首领罗卜藏丹津，说："大将军王是我皇子，确系良将，带领大军，深知有带兵才能，故令掌生杀重任。尔等或军务，或巨细事项，均应谨遵大将军王指示，如能诚意奋勉，既与我当面训示无异。"

由此可见，胤禛在康熙皇帝心目中的地位非常之高。另外，胤禛也注意做好对青海各部的团结工作，耐心说服他们："尔等应谨遵皇父此旨，共相和睦，务以尔祖父等所遗礼法为要，各将军马、口粮、器械备办齐整，嗣后当竭力奋勉，方可嘉奖。再尔等受皇父厚恩多年，无分内外，予皆视同兄弟，惟此次受任以来，不敢存有私见，良者我必奏明皇父；如有恶劣不遵法者，我亦无计，当以法律治之。"胤禛的劝说和忠告，使罗卜藏丹津等人心悦诚服，点头称是。他们的通力协作，为胤禛西征的胜利创造了条件。

在一切准备就绪之后，胤禛即指挥平逆将军延信由青海、定西将军葛尔弼由川滇进军西藏。八月，葛尔弼率部进驻拉萨，策凌敦多布败走，西藏平定。九月，胤禛命令延信送新册封达赖喇嘛进藏，在拉萨举行了庄严的坐床仪式。至此，由策妄阿拉布坦所策动的西藏叛乱彻底平定，胤禛也因此威名远震。康熙谕令立碑纪念，命宗室、辅国公阿兰布起草御制碑文，铭刻"大将军王"的丰功伟绩。

当时巴塘、理塘两地为云南丽江属地，云贵总督蒋陈锡平定后，请求仍隶丽江土司木兴；年羹尧则称两地为进入西藏的重要运粮要道，应隶属于四川，康熙帝也同意。木兴却因此大怒，率兵占领，年羹尧上疏弹劾。康熙遂命令逮捕木兴，囚禁于云南省城。康熙下令年羹尧率凯旋诸军入边，自此，年羹尧在军中树立起威信，后又总督四川陕西。此后，年羹尧在边陲多立战功。

对看大清军队势如破竹的凌厉攻势，康熙只有从折子上感叹一番了。他不断和臣子们回忆起当年亲征噶尔丹的情况，述说着自己征战沙场的那种快感。在龙椅上坐了五十多年，他已经老了，他上面的牙齿已经掉了一半，声音含混而嘶哑，阵发的头晕，让他总能感到死亡来临前的恍惚。

有人看到康熙的胡须变白时，愿意献上乌须的良药或者丹药，康熙却微笑着拒绝了。他将缓慢的衰老看成是岁月的祝福，"从古到今，能长出白胡子的帝王有几个啊？等到我的头发胡子都白了，那倒真是千秋佳话了。"

有臣子进言："皇上执政将满六十年，应该普天同庆，开'千叟宴'庆贺。"

康熙非常高兴，很快就有臣子们筹办此事。

不久，康熙在畅春园举办了千叟宴，年六十五岁以上年长者，官民不论，均可按时到京城参加畅春园的聚宴。当时赴宴者络绎不绝，有七千余人，皆系耄耋长者，社会各阶层人物皆有。这些人中有皇亲国戚，有前朝老臣，也有的是从民间奉诏进京的老人，看到皇帝亲自为他们斟酒，个个受宠若惊，喜不胜喜。

大喜之后，康熙又陷入老年人惯有的世界中。此时，他逐渐眼花耳背，和老臣李光地商量立储之类的重大事情时，两位老人的交流都是采用笔谈的方式，把话写在纸上，怕声音大了被胤禩一党的太监们偷听。而每张纸写完的时候都会被撕碎或者烧掉，处理干净。后来，康熙的右手突然变得不听使唤，但他怕内侍擅权，更害怕胤禩一党的乘虚而入，拼力用左手批折子。

皇太子胤礽第二次被废后，康熙帝就不再预立皇储。康熙也知道不立皇储的弊端，但立了之后，势必又要分削自己的权力，万一再出现一个胤礽这样的太子，怎么受得了？这种进退两难的处境，使康熙十分苦恼。老年人常有这样一种矛盾心理：担心自己时刻会死去，却又自以为还能活几年，表现在具体事情上就是能拖则拖。储位空虚多达十余年，必然造成诸皇子之间的结党蓄谋，尔虞我诈。

这年的冬天，六十八岁的康熙因稍受风寒，腿膝疼痛，咳嗽声哑。他的脚浮肿，他咬牙用棉布缠在脚上，让人搀扶着下地走路，但头晕的症状让他无法集中精力。被死亡的幻觉折磨了半年之久的康熙，终于向死亡屈服。他召集诸皇子征询立储之事，他甚至把告老还乡的李光地从福建召回京城。沉寂了数年之久的立储谜底即将揭开。

不料，九阿哥胤禟突然跳了出来，他竟将康熙的最后一次立储会议彻底搅乱。

胤禟此前自认为自己很低调，只是胤禩的鼎力支持者。自从胤禩倒台后，他忽然冒出水面。他喜欢对人说起母亲生他时"梦见太阳进入怀

中，又梦见北斗神降"，这无疑是当皇帝的征兆。他又说自己幼时耳患疮毒，昏迷的时候忽然听到一声巨响，整个殿梁间全是金甲神，他的病随即就好了。胤禛说这是祥瑞，但同时他也摆出心志淡雅的样子。

在康熙希望托付一生的朝廷会议上，在王朝精英的众目睽睽之下，这位"低调"的九阿哥再次忘乎所以。在胤禛的陈奏中，说及立储一事大言不惭，有些毛遂自荐的意味，话语极其"悖谬"，被康熙严厉斥责，朝议不欢而散。当晚三更天，康熙想起胤禛这些大逆不道的言语，越想越怒，最后竟然中夜起坐，夜不成眠。

第二天，心虚的胤禛托病躲开了朝议，太子之事没有再继续，康熙只是发表了一个长篇谕旨，草草结束了此次立储会议。他将这篇谕旨当成自己的遗言，"这世上没有人能够长命百岁，那些帝王们很忌讳谈死，弄到最后，连写遗诏的机会都没有。后人读那些已故帝王的遗诏时，总觉得不是他们想说的话……"

尽管康熙想说很多话，尤其是确定哪位阿哥是皇位继承人，可是他絮絮叨叨地谈及汉高祖、隋文帝、唐太宗、宋太宗等立储的种种旧事，对于储君人选却只字不提。他援引《尚书》里说的世上"五福"：一是高寿；二是富裕；三是健康；四是好德；五是善终。他说五福当中，最后一个恐怕是最难的。

在康熙这篇提前公布的"遗训"中，说了他心底埋藏的话。此后他竟然彻底地沉默下来。他不再发表长篇大论，不再对皇子们的不孝举动表露伤感，只是漫长的沉默。

康熙只留下一句话没有说，那便是太子的人选问题。但是，这句话似乎已经不再重要。胤禛一党已经布满朝野，他们买通了太监陈福、李增，伺察康熙的动静。他们数着时间，等待着康熙的死期。

庄严的朝堂，已经成为老臣们的养老之地。为了保养他们的身体，康熙已经取消了这些老臣们的早朝，让他们适当在宫中走动一下即可。每当商议军国事件，这些国家重臣们往往彼此推诿，一言不发，有些倚老卖老的重臣甚至假装打瞌睡，有的海阔天空地闲谈，等到需要拿主意的时候，便鼓动一两个新来的科道官员发言表态，然后大家便一同附和，以图塞责。王朝逐渐腐朽下去时，康熙只得用一种"宽仁"执政的说法，体面地掩盖这场可怕的倦政。

康熙依然愿意行围打猎，只不过再也无法凭借着山涧的倒影射杀猛虎，更多的时候成为别人打猎的看客。在茫茫草原之上，他会张开双臂，迎着扑面而来的西北风，心里一次次地构思着自己的最后岁月。

在胤禩的府宅里，往来着僧侣、道士、喇嘛及医生、术士，甚至从江南来的优人、贱吏，从宫廷流落出来的西洋人、各类官宦大臣的家奴。这一场三教九流闹剧的组织者，就是挥金如土、左右逢源、春风得意的胤禩，他在向众人证明自己也是太子的合格人选。飘飘然的胤禩竟然叫葡萄牙人穆经远去引诱年羹尧。作为雍王府的门人，年羹尧却来者不拒，将胤禩送的钱财全部收下。

北京城内外，处处弥漫着八阿哥胤禩、九阿哥胤禟、十四阿哥胤禵三位阿哥中必有一位继承大统的说法。北京皇城根下，已经有人将这种阿哥们花钱制造谣言的做法概括为："千金买一乱。"

胤禩集团，拥有八阿哥的人气，九阿哥的财力，十四阿哥的军力，三位阿哥的实力似乎构成了下一任政府的完美组成。其他阿哥们的势力似乎势单力孤、弱不禁风。

胤禩在京城发力，十四阿哥胤禵在西北名声大振，胤禵却没有任何举措，急的福建巡抚戴铎五内如焚。沉不住气的戴铎明确提出了"束甲相争"的计划———一旦失败便割据台湾，以封疆大吏的身份割据一方再图天下。可是胤禵断然拒绝了。

康熙年迈，他的阿哥们也都不年轻了，也都进入到中年人的队伍中，比如大阿哥胤褆已近五十岁。岁月消耗着这些阿哥们的活力，他们剩下的事情就是等待康熙驾崩了。紧张了数年的胤禵也放松下来，开始纵情声色犬马。身为领军统帅，他竟然索要青海台吉的女儿，还收留了许多漂亮的女子，留在军中供他淫乐。

康熙六十年（1721 年），是康熙登基一甲子的大庆之年。早春时节，大学士王掞等人便密折陈设立太子的重要性。康熙只是冷笑道："既然你们口口声声说自己为国为君，好，现在西北用兵，正是用人之

际，你们就去那里效力吧！"此时王掞已经七十七岁了，待罪宫门之外，他在石阶上铺纸写检讨自己忤逆上意的罪己书。早春天寒，王掞只能用唾液研墨书写。康熙最后可怜他，命由他的儿子代往，其他人都罚往军营效力。

康熙数次在朝堂上发出悲鸣："虽然我已步入老年，但仍不能静心地休息一会儿，因此朕认为整个国家只不过是一只弃履，所有的财富都只不过是泥沙而已。如果朕死了，没有发生动乱和灾难，那么朕也就瞑目了。"

很快，康熙登基六十年，他认为典礼中尤其重要的是往盛京三陵大祭，便派做事谨慎的胤祯携同十二阿哥胤祹、胤祉的儿子弘晟前往致祭。

"朱栏画栋最高楼，海色天容万象收。海底鱼龙应变化，天中云雨每蒸浮。无波不具全潮势，此日真成广汉游。仙容钓鳌非我意，凭轩惟是羡安流。"胤祯的这首诗中，仍是"天下第一闲人"的情貌。几乎没有人注意到，关注康熙内心世界几十年的胤祯，在一个人们看不到的棋局之上，已逼近康熙心中的"中宫"。

在最后的岁月里，康熙对胤祯的好感和重视与日俱增，康熙先后让他处理明十三陵墓群被盗、孝惠皇太后治丧典礼、京郊的通仓、京仓亏空等一系列棘手的事件。康熙要让胤祯看到，这个貌似强大繁荣的康熙王朝，早已是糜烂不堪，很多上报的财税数字、仓库存余等，已经是一场数字游戏。如今，他想把这个王朝托付给一个坚强可托之人，他必须成为一个衰老王朝的掘墓人。康熙很清楚，皇位的继承人无疑是在四阿哥和十四阿哥之间选择了。可是，很少有臣子们看清这个事实，没注意到胤祯的悄然崛起。

康熙六十一年（1722 年）春季，西北没有战事。大将军王胤禵奉旨回京述职，康熙与他畅谈几日后，又面授机宜，再一次让他返回西北。在北京的短暂停留中，胤禵再次与胤禩、胤禟一起不顾性命地豪饮。毫无进展的局面已经让胤禵意志消磨，他盗取军需银几十万两，多次派人私自送给胤禩，供他挥霍。三个阿哥颠倒黑白地豪饮，完全忘记

了窗外是黑天还是白日。

胤禩不明白康熙为什么还要胤禵返回西北，而不是留在京城伴驾。

胤禵在京城连住十几日，终于还是赶回西北。临行前，京城里的许多大臣都出城相送，饯行酒喝了一轮又一轮。胤禵都骑马走出三十里了，还有大臣在路边恭候他，送上贵重的礼物，并说一大堆巴结的话。胤禵已经习惯了这些人的奉承，作为皇位最强有力的继承人，这些臣子早一天拜倒在自己脚下也没什么不可以。

胤禵潇洒地离去了，胤禛终于放下一颗悬着的心。每天清晨，他总是呆呆地站在圆明园中，看着春意缓慢地染绿圆明园，回想着康熙这些天情绪的一点点变化。他很担心康熙忽然传位给胤禵，幸好有惊无险。

最近几年的春天，胤禛都请康熙驾临圆明园，设宴演戏，使这位老人孤苦的心怀得以排遣，以至于康熙有了春季到圆明园小住的习惯。胤禛根据康熙的喜好，在圆明园里种满牡丹花。这一年牡丹花开最艳的时候，胤禛再次把康熙请进了圆明园。

当康熙兴致最高的时候，胤禛"若无其事"地告诉他自己有一个叫弘历的孙子，到现在还没见过爷爷的面呢！康熙兴奋之下当即召见。童年弘历明眸皓齿，聪明伶俐，诗词歌赋对答如流，康熙一见便大喜过望。此后，弘历始终朝夕相伴康熙身边。

胤禛见皇阿玛高兴，便说："让弘历随侍父皇读书如何？"康熙愉快地同意了，他把畅春园内的殿堂赐给弘历，还将自己在圆明园寝殿旁的牡丹台，设为弘历起居读书之所。

那年的春夏，康熙浏览经史时，常常对弘历亲授章句，为他讲解文义。写字之时，见弘历从旁观看，便问道："你也喜欢我的书法吗？"弘历点头微笑。于是弘历不断地得到康熙帝所赐书法，或长幅，或横幅，或诗扇。康熙传膳用餐时，弘历常常倚靠在康熙的膝前，一同进餐，"特被宠爱，迥异他人"。康熙还给胤禛亲书"五福堂"匾额。

五福？胤禛心中一动，这岂不是康熙心中的最高理想。

夏秋两季五个多月，畅春园中祖孙两人几乎天天在一起，形影不离。康熙批阅奏章的时候，小弘历就在旁边磨墨写字。老皇帝时常站起

来，走到孙子身边，手把手教他写。吃饭的时候，祖孙俩坐在一桌，爷爷不断地给孙子夹菜。甚至接见大臣讨论军国大事，康熙也特批弘历可以留在身边。弘历此时总是懂事地"屏息而侍"，大气都不敢出。乖巧的孙子给康熙一生中的最后岁月带来了巨大的欢乐，短短半年之中，祖孙俩建立起了深厚的感情。

一个中午，康熙泛舟避暑山庄湖上，弘历正在山上玩耍。远远望见御舟驶来，就满心欢喜地跑下山来。康熙见了，生怕孙子跌倒磕破了头，急忙跑到船头，朝弘历大喊："慢点跑，别摔了！"祖父焦急的声音深深印在弘历的脑海里，六十年后，他在御制诗《晴碧亭忆旧》中提及此事。

在这半年之中，康熙还亲自教弘历射箭，弘历也真争气，首次习射就连中五箭。康熙喜出望外，赐给他一件黄马褂。

八月之初，秋高马肥，祖父带着孙子，开始行围打猎。在围场，康熙用火枪击中一熊，大熊倒地良久，毫无动静。康熙以为熊已经毫无威胁，遂命弘历上前补射一箭，以让这个孩子博得"初围获熊"的美名。弘历上马之后，不知为何，迟迟不动。康熙心中有些不高兴。本来这个孩子一直胆子很大，今天见到熊之后怎么害怕起来？

康熙在马上高喊："弘历，怎么不进？"

弘历这才像醒过神来，催马欲进。不料此时那倒地的大熊忽然一个翻身，直立起来，嘴里发出一声怒吼，直奔弘历的坐骑扑来。弘历刹那间呆住了，幸好有侍卫反应及时，举枪便射，子弹从熊耳射入，大熊如同半堵墙一样应声倒地。所有人都惊出一身冷汗。这件事给康熙留下了极深的印象。似乎冥冥中有天意，保佑这个不同寻常的孙子。晚上回到帐中，他对随驾的和妃说："弘历这孩子的命真是贵重！如果他早一点催马过去，熊起马惊，不知道会出多大的事啊！这孩子将来福气比我还大啊！"

这次行围之后，皇帝特意去了胤禛在热河的赐园狮子园，指名要看看乾隆的生母。不知何故的钮祜禄氏跪在皇帝面前，心中充满疑惑。老皇帝命她抬起头来，细细观看，足足看了半分钟之久，边看边说："果是有福之人，有福之人！"

在这次晋见公公之前，钮祜禄氏从来没有引人注目过。生了弘历也没能帮助她完全扭转命运。然而康熙却发现了这个媳妇的"福相"，钮祜禄氏确实如康熙所说，成为中国历史上最有福气的太后之一，长寿而且境遇顺遂，享尽尊荣富贵。

那一天的接见中，康熙享受着对他可说极端奢侈的天伦乐趣，祖孙三代、翁媳之间、父子夫妻之间，雍雍睦睦，融融洽洽。

虽然有贤孙绕膝，可是康熙心里始终有一事放不下，举棋不定，大伤脑筋，弄得顾此失彼、焦头烂额。这也难怪他闹心，儿子太多，且大都自命不凡，皆明里暗里觊觎这至高无上的皇权。肉只有一块，想吃到它的却不止一人，他的皇子们明争暗斗、互施冷箭、同室操戈、豆萁相煎，闹得乌烟瘴气，鸡飞狗跳，不可开交，朝堂内外几无宁日。

"家天下"时代，皇帝之家事即国事，家国难以厘清，众皇子争权夺利也是难怪。贵为一国之主的皇帝，家务那点事也不好断呀。

可是，由于弘历的出现，康熙似乎心里有了明确的答案。论才干，四阿哥胤禛实属众多阿哥中能力最强的一个；论孙辈，弘历在众多的皇孙中更是出类拔萃。如果江山社稷交给胤禛，凭借四阿哥的超强毅力和才干，足以让大清国富民强；胤禛之后再有弘历的发扬，大清一定会迎来辉煌的盛世。康熙是这样想的，可是他没有和任何人说。正是由于康熙对自己身后之事始终掂量、权衡，才使后来胤禛的"突然上位"，在野史、小说中成为一桩情节诡谲、令人疑窦丛生的千古谜案。

秋去冬来。那年冬天，康熙前往南苑行猎。在最冷的冬天打猎，康熙把自己包裹得很严，浑身上下都穿着最保暖的衣物，他会拉下帽檐，放下耳护。回到住所内，他是与火炉精确地保持着不近不远的距离，以防止冷热过度引起感冒。同时，他会小心地保持室内空气的清新。

这一次，尽管无比小心，康熙还是感了风寒，十一月初七回到了畅春园。康熙没有在意，以为自己偶感风寒，过几日就会好。他不喜吃补品，也不用人参来进补，他认为人参不适合自己的体质。他与御医商量了几种治疗方案，均不用任何补药。他希望出透一身汗，即可驱走这小

小的感冒。

　　他在给臣子们批复的奏折中充满了乐观，表示出自己的身体还很健朗。不过，初九那天，康熙身子却越发沉重，感冒似乎加深了，他只好委派胤禛去天坛主持祭天大礼。

　　祭天是国家最重要的一个仪式，康熙自即位以来，天坛大祭，一直都是亲自行礼。这一次，他派胤禛代替他去祭天，顿时让众阿哥羡慕不已，也满怀嫉妒之心。

　　尽管龙体欠安，从初十开始，康熙又要为即将进行的冬至日祭祀大典斋戒。本来身体就弱，又要斋戒，但无论太医和大臣们怎么劝说，康熙也一概不听。他吃得更少了，食物更加清淡了。太医开的汤药他也不肯喝，病情又加重了。他的眼睛变得浑浊了，呼吸艰难。

　　好在康熙下令一应奏章都不必送来，他要斋戒和独居静休。这本是一件正常的事，没有引起多少人的特别关注。但就在这看似平静的宫廷生活中，有一个人却极其敏锐地看到了平静背后那可能的改朝换代非凡时刻的到来——此人就是"九门提督"隆科多。

　　站在天坛之上，胤禛虔诚地敬天敬祖后，正在打算祈求国家来年的盛景时，突被一阵凛冽的西北风吹得一激灵。皇阿玛病重，却不肯用药，他很担心父皇的身体。每天，他派去打探信息的太监，总是带给他乐观的汇报，"皇帝的身体尚好"。

　　十一月十三日的黎明时分，从畅春园飞马跑来一个隆科多的贴身侍卫，告知胤禛一个惊人的消息——康熙病危。瞬间，胤禛感到天坛也摇晃了一下，心中所有不祥的预感要成真了，而大清也要变天了！

第六章　承继大统

这几年，胤禛一直在谨慎从事，他既要让康熙看到自己的能力和忠诚，又要显得大度淡定，不参与太子之争。不争而争是胤禛内心的最高秘密，这件事除了胤祥最清楚之外，还有两个人知道，他们分别是隆科多和年羹尧。胤禛没有像其他皇子那样明火执仗地结交朝臣、培植私党，而是暗中培植了这两个重要人物。

隆科多官拜步兵统领，掌管京城的戍卫；年羹尧则是封疆大吏，在与准噶尔作战的西线战场拥有一支精锐军队。这两个人的作用是：一旦京师有变，由隆科多控制；若西征中的胤禛有变，负责供应胤禛大军粮草的年羹尧就可相应与之抗衡，使胤禛无法用武力争位。胤禛算是一位真正能审时度势，并悟透了权力争斗原则的天才。就在康熙患病畅春园，而众皇子尚处在梦中的关键时刻，长期蛰伏的胤禛已是引弓待发了，首先走上权力交接舞台的就是隆科多。

隆科多在康熙晚年诸皇子之间扑朔迷离、明争暗斗的皇位大战中地位非同一般，是康熙、雍正两朝皇权交替之际最关键的核心人物。

隆科多深信富贵险中求，现在的他是各方面势力关注的对象。大阿哥丧失品德，已无可救药；废太子尚有一些老臣暗中支持，但是实力很弱；八阿哥也如同丧家之犬，"八贤王"的美称也难救他；九阿哥就是一个土豪，除了有钱没有头脑；十四阿哥身为"大将军王"，很高傲，对自己向来不冷不热。推算到最后，还是姐姐佟佳氏为他推荐的四阿哥最有潜力。

隆科多在康熙身边护驾，看得很清楚，四阿哥绝不是一个简单的

人。那么多的阿哥都倒了台，唯有四阿哥稳如泰山，成为一棵政坛常青树。因此，他断定胤禛是个有大智慧的人，现在需要的就是交一份"投名状"，以便在胤禛做了皇帝之后自己继续得到重用。

隆科多是京城步军统领，同时还担任理藩院尚书，由此可见康熙对他的信任程度。

托合齐事件之后，康熙选择了隆科多接任步军统领。康熙为何让隆科多接替这么重要的一个职务？分析起来，有如下原因：

第一是任人唯亲的因素起作用。隆科多生于显赫之家，其三代为清廷效忠，又有两个姐姐嫁给康熙，在情理上不会逼康熙下台。

第二是康熙认为隆科多不参与皇子结党之事。当然，隆科多绝对不是无党的君子。最早他与大阿哥相善，康熙四十八年，康熙特地就此事斥责隆科多，说你与大阿哥相好，人们都知道。这是警告隆科多不要卷入皇子结党。此后，隆科多表现得很安分。康熙五十五年，皇八子病重，康熙让平素与其关系密切者都去看望，此中甚至包括极力与胤禩疏远的胤禛，却唯独没有隆科多。看来，隆科多的中立功夫做得很到家了，以致康熙不将他看成任何阿哥的同党。

第三是隆科多个人的才能。他是外戚中最有才能的一个人，曾被康熙赞为"能够做将军的人"。

总之，康熙认为隆科多不会对自己起异心，所以才选择他。事实也是如此，隆科多成为康熙晚年最得力的大臣之一，经常秘密执行一些重要使命，如监视废太子、大阿哥，掌握其他宗室王公的动向等。隆科多尽职尽责，表现出色。这一次，康熙在畅春园病重，隆科多奉命于御榻前侍疾。这段时间，他一直在犹豫、思考，康熙也许会死去，谁能继承帝位却一直都是个谜，如十四阿哥，自己的未来就很迷茫。

十二日午夜，心中有事的隆科多就增加了警戒士兵的数量，将畅春园各个路口和宫殿大门都严密地看守起来，禁止闲杂人等自由出入。

十三日凌晨，康熙忽然身体剧痛，喊叫数声后昏迷过去。两位太医来到后一查看，发现康熙有随时驾崩的危险，已是十分危急的状态。一直在皇帝身边担负侍卫任务的隆科多，忙派人传诏命，令胤祉、胤禛、

胤祐、胤禩、胤禟、胤䄉、胤祹、胤祥等八位皇子火速赶到畅春园。

胤禛在诏令之内，但他比其他阿哥晚了一个时辰方匆忙赶到畅春园。原来，胤禛快要抵达时，隆科多拦住了他的轿子。

在一个雕龙画凤的房间里，隆科多没有废话，直接问："四阿哥，我在此等你多时。皇上危在旦夕，你可有准备？"

胤禛是个明白人，道："还望舅舅多多指教！"

隆科多凑近胤禛的耳边道："皇上已经昏迷不醒，却没有下旨传位哪位阿哥，但我断定，皇位将会传给你。"

胤禛追问："舅舅说笑了，皇上的心意我等难以揣测，怎么就知传位于我。"

隆科多面色凝重道："四阿哥只管和其他阿哥在殿外等候便是，到时自然有分晓。四阿哥还是多多谋划一下如何控制京城大局吧！"

胤禛严厉地说道："隆科多，如果你敢谋害皇上，即便是我继承帝位，第一个也要杀你。"

隆科多也很严肃地说道："四阿哥多虑了，隆科多虽然不才，但也绝不会做出这样的事。现在已经到了生死边缘，四阿哥不会虎头蛇尾吧？告辞了！"

隆科多鬼鬼祟祟地走了。胤禛的心既激动又有些彷徨。他盼望这一天很久了，但是隆科多所说的康熙传位于自己之事显然是他另有含义。胤禛知道，弑父谋位的事情绝不可以做，否则自己死后要坠入阿鼻地狱，永世不得翻身。打定了主意，胤禛才匆匆赶往畅春园。

此时，畅春园内的空气异常紧张，康熙帝早已昏迷不醒，赶来的皇子们都未能和皇阿玛说上一句话。为了不打扰太医抢救康熙，他们都等候在隔壁的房间里。所有的皇子都对父皇的病情感到突然、惶恐，内心焦躁不安。眼前太子尚未确立，而最有可能成为太子的皇十四子胤禵又远在西北，一旦父皇突然驾崩而不留下一句话，那局面将如何收拾？

太阳渐渐落了下去，夜幕笼罩了畅春园。尽管里外都亮起了灯，但随着凄厉的北风一阵紧似一阵的号叫，每个人都感觉一股股阴森森的气息迎面扑来，令人惊恐不已、胆战心惊。隆科多正和众阿哥们说着话，

总管太监魏珠跑过来，说皇帝醒了，要召见隆科多。

康熙临死前是在静养斋戒之中，王公大臣一律不接见，而宫眷也被阻止入内。谁料他病情突然加重，在他身边的只有近侍太监和两位太医。康熙晚年经常在其身边传旨的总管太监魏珠是陪伴康熙的少数在场人之一。康熙苏醒后要传唤当朝大臣，已经和隆科多勾结在一起的魏珠却假传旨意，说皇上只召见隆科多一个人。众阿哥纷纷询问，魏珠却说皇上让其余人都先候着。

在这种千钧一发之际，按照常理，隆科多应该告知当朝大臣，然后共同遵康熙遗诏（如果康熙生前没有旨意，那么应该遵照康熙的心意共同拟定）拥立新君。康熙重臣有领侍卫内大臣六人和大学士五人，但隆科多显然把他们搬在了一边。

历史将隆科多推向政治舞台中心。畅春园内，布满了隆科多的警卫部队。当时在园内的小皇子、后妃以及很多重要大臣都被封锁在了康熙的寝宫之外，康熙几乎是在与外界隔绝的情况下与隆科多见面了。

隆科多急忙整理一下衣服，快步走进康熙的寝殿。康熙的身子斜靠在方枕上，气色很差，见到隆科多，示意让他近前。

隆科多跪下磕头，给康熙请安。

康熙声音无力地说："朕看来不行了，你们佟家世代拱护我爱新觉罗氏，是国之栋梁，朕的身后事就交予你全力办理吧！不要辜负了朕，准备拟旨吧，朕要在众位阿哥中选一个皇帝了。"

隆科多满脸热泪，颤巍巍地说："不知皇上传位于哪位阿哥？"

康熙说："拟旨：雍亲王皇四子胤禛，人品贵重，深肖朕躬，必能克承大统。著继朕登基，即皇帝位。"

隆科多道："皇上英明。"

康熙道："剩下的事情就交给四阿哥去做吧！这大清朝也该好好治理一下了；胤禛做事有法度，铁面无私，朕相信他，他会比朕强百倍的。我这一朝的功过是非就让后人来评价吧！"

康熙最终选择了胤禛继承他的皇位，是胤禛务实的工作作风让他得到康熙的信赖。胤禩集团、胤禵集团包括废太子集团以往的最大失误都

在于试图通过制造舆论来影响康熙，利用拉拢王公大臣来施压于康熙，这种间接的做法既不奏效，也容易激起康熙的反感。更主要的是，这种策略忽视了极为重要的一点，那就是仅注意到了康熙"宽容"的一面，没有注意到康熙大权独揽、乾纲独断的另一面。

胤禛吸取了这几位阿哥失利的教训，以营求康熙的欢心为最大的目标。康熙四十七年一废太子之前，康熙对胤禛较少有正面评价，欣赏、褒奖的话也说得不多。但从一废太子之后，康熙对他的重视程度有所增加，而且夸赞的话也逐渐多了起来。尤其是派给他的差使多了起来：康熙五十一年，胤禛奉旨参加对废太子党羽原步军统领托合齐的审讯；康熙五十四年，西北军务紧急，康熙召见胤祉、胤禛征询意见；康熙五十六年，明朝陵寝被盗，胤禛奉旨查办；康熙五十七年，胤禛代表康熙为皇太后的陵寝安葬宣读祭文；康熙六十年，胤禛受康熙指派去沈阳祭祀祖陵，同年，胤禛还担负祭天的重任；康熙六十一年，奉旨勘查通仓、京仓。这些差使当然并不都是派给胤禛一人承担的，但在康熙统治的最后十年间，胤禛所领的差遣确实很多，这对他从政是一个很好的锻炼，更主要的是表达了康熙对他的信任。利用康熙晚年心力交瘁于储位之争，胤禛经常伏请康熙到他所在的园子里面游玩巡幸。据统计，康熙晚年去胤禛所住的园子游玩的次数多达十一次。在园子游玩的时候，胤禛的四子弘历围绕在康熙的膝前，让康熙切身感受到天伦之乐，兴奋之余康熙还专门给胤禛写了"五福堂"的匾额。胤禛的这些行为虽然不能直接导致康熙将大位传给他，可也取得了康熙无限的好感。

可以这样说，将皇位传给胤禛，康熙是经过深思熟虑的。他在临终之际选择了胤禛而不是胤禩是非常有道理的。在康熙眼里，这位为了博名而各方讨好，谁都不肯得罪的八阿哥会给大清朝带来灭顶之灾。素来只有直名而无贤名的胤禛却是自己留给大清王朝的一剂猛药。冷酷的胤禛做雍亲王时就奉命整肃政风，严惩贪官污吏，大力改革分内政务。胤禛为此还得罪了人。所谓改革，就是革故鼎新，革故就要伤害许多人的既得利益，将原有的红利重新分配，但这些拿着原有红利大头的人却把持着国家的各大中枢之处，改革自然费力不讨好。胤禛的一贯做法深得

康熙的圣心，他的做法能让大清王朝走得更远，事实也的确如是。故而一向不近人情的胤禛就这样被康熙推到了台前，做了大清的皇帝。康熙知道，他死后的大清必然是保守派与革新派的激烈对撞，惨烈的皇位之争、党派之争最终将以冷面王胤禛获胜、继承大统宣告结束。

隆科多起身准备笔墨，想要拟旨。康熙忽然剧烈地大声咳嗽，连带着喘气困难，他极力想要咳出胸中的痰，头上汗珠滚滚。隆科多忙放下笔，要过来给他捶背。

康熙剧烈地大声咳嗽，守候在门外的众位阿哥再也等不及了。胤禛第一个撞开门冲进屋内，其他阿哥也跟着跑进来。进了内室，只见康熙靠在隆科多的怀里，张着嘴大口喘气，他用手指着胤禛，示意胤禛过来。

胤禛走到床边，康熙呼吸急促，脸憋得通红，他把大拇指上的玉扳指取下来，塞在胤禛的手里。然后，他身子佝偻成弓形，一口气上不来，晕了过去。

太医忙过来诊治，众皇子焦急万分。这样僵持到戌时（晚十点左右），太医向众位阿哥表示无力回天了。众皇子围住病榻，俯首细看，只见康熙嘴巴微微张着，眼睛似睁非睁，已气绝身亡。哭声顿起，众皇子围着康熙的遗体痛哭不止。

过了很长时间，隆科多用略带不安和沙哑的声音向众皇子宣布："众位阿哥，皇上遗诏，命皇四子胤禛继承大统。"

胤禵？犹如晴天一个霹雳，几乎所有的皇子都被惊醒——康熙死前把玉扳指给胤禛，显然是传位给四阿哥了。

胤禵彻底失望，什么都明白了，自己永远和皇位失之交臂了。

胤祥当即跪倒，向胤禛磕头："臣胤祥拜见皇上！"

隆科多也跪下磕头，大喊："臣隆科多拜见皇上。"

在场的两个太医、四个宫女和太监魏珠等人都忙着跪下磕头，只有其他几位阿哥呆立在原处不动。

胤禵恼怒地说："隆科多，拿遗诏来看，空口无凭，你不能想怎么说就怎么说。"十阿哥也跟着叫喊，气势汹汹地逼迫隆科多否认刚才说过的话，还要其他几位阿哥一起见证。

隆科多抬起头道："皇上刚才命我写传位遗诏，要将皇位传与四阿哥，皇上说'雍亲王皇四子胤禛，人品贵重，深肖朕躬，必能克承大统。著继朕登基，即皇帝位'，奴才每个字都记得清清楚楚，不敢有半句谎言。何况刚才皇上还将玉扳指给了四阿哥，咱们都知道，见到玉扳指如皇上亲临，不但可以号令百官，还可以调集军队。是这样吧？九阿哥。还有疑问吗？"

三阿哥久久不语，他是个学霸级别的天才，从历史典籍中悟出了很多道理，此时不主动表示臣子之心，更待何时？他走向胤禛跪倒，三跪九叩，然后说："臣胤祉拜见皇上。皇阿玛将玉扳指传给四弟，是明确将帝位传与四弟。胤祉适才懵懂，愧为皇阿玛的儿子，现在想明白了。胤祉愿遵皇阿玛旨意，拥四弟为皇上，愿为皇上尽绵薄之力。"

有了三阿哥带头，七阿哥胤祐、十二阿哥胤祹也纷纷跪倒磕头，述说臣子之心，诚意拜见新皇帝。胤禛看着眼前跪倒的这群人，再看看孤立站着的八阿哥、九阿哥、十阿哥，忽然感到自己修炼佛心带来回报。既然已经得了皇帝之位，他要显得大度和法外开恩，暂时不计较三位阿哥的无礼。

"众位兄弟、隆科多大人，平身！两位太医，还有你等都平身吧！"胤禛对在场的所有人都和蔼地说道。

胤祥艰难地站起来，身旁的七阿哥胤祐连忙扶住他。

胤祥看着胤禛等人说道："老八，皇阿玛尸骨未寒，你们就敢违抗他的旨意吗？"

胤禩面色异常难看。他呆立了一会，才跪倒磕头，口称："拜见皇上。"九阿哥和十阿哥见此情景，抗不住胤禛身上的皇上之名的压力，也只好跟着磕头。

直到此时，胤禛才松了一口气，他命胤禩等人平身后，开始下达命令。

"胤禛奉皇阿玛遗命，继承大统，还需要诸位鼎力扶持。现在当务之急便是操办皇阿玛的后事，畅春园不适合，隆科多，即刻下令回宫吧！"

"喳！"隆科多领命而去。众人也退出康熙的寝殿。走出屋门前，八阿哥胤禩回头望了望康熙的遗体，这个叱咤风云的大帝，此时看上去如此瘦小枯干。这一切像是一场梦魇，是他做过的最残酷的梦。

胤禩气恼地"于院外依柱独立凝思"，胤禛交代给他的事情他不但不办，而且连回答都不屑回答。

胤禟又闯到胤禛面前表示不服气，喝问："没有遗诏，老子不认你这个皇上。"他还跑到康熙遗体前"箕踞对坐，傲慢无礼，其意大不可测"。

胤禛气得不想和胤禟说话。他喊来胤祥，让他安排诸多事宜。

胤禟看着胤祥，道："老十三，多年不见，你怎么抱上老四的大腿了？"

胤祥对他视而不见，转身走到外院，吩咐手下做好一切准备。胤祥这十余年虽然一直不被重用，但是他耳聪目明，手下也有尽心办事的人。他带来的四十余个"粘杆处"护卫严密地监视着八阿哥等人。当胤禩派的给胤禵送信的密使刚走出畅春园，就被"粘杆处"护卫所斩杀，密信被拿了回来。

胤祥说："皇上，老八他们要动手了，咱们不能束手待毙。京城里的警备有隆科多在不会有异变。京城外的几处大营需要安抚，其中有我的旧部，一会我要去军营，防止生变。"

胤禛道："老十三，军营那边就交给你了，要注意防止盛京和蒙古方向的八旗兵，还有天津的军营也要留意。"

胤祥道："皇上放心，天津军营的主将已经是我的人，早就安抚下了，现在主要是盛京和蒙古王公的军队不可不防。"

胤禛面色沉重地说："皇阿玛保佑，大清可不要乱啊！"

当晚，隆科多率领两千侍卫装载康熙的遗体急行军回京，众阿哥、康熙的妃嫔以及一些臣子也一起回到京城。隆科多留下了一千侍卫，将畅春园围住，没有得到命令以前，里面的人不允许出来。

胤祥则带着金牌令箭去了丰台，硬是杀了那里的守将，八哥的亲信成文运。随后，他又巡视了城外另几处军营，才震慑住这些兵士。胤禛的几个儿子也带着圣旨去了西山的锐健营，安抚那里的兵丁。若是没有这些手段，那些兵营不知道会生出怎样的兵变。

一回到北京城，手握京师卫戍兵权的步军统领隆科多，就封锁了北京所有的城门，严禁任何人外出。凡是可能与胤禛为敌的皇子及王公大臣，都处于他的监视和控制之中。

胤禛随后下令封锁了皇宫，不许其他皇子进入探视康熙的遗体。

回到京城，胤禩本打算联络京城重臣，却发现府邸已被隆科多派来的士兵包围，严禁外出，而且又得知了城门已紧闭，京城已经和外界断了一切消息。

局势是片刻不容缓，胤禛先是下旨，命令川陕总督年羹尧统筹西北军务、粮饷以及地方要务，扼住十四阿哥的咽喉。同时，他又手写密信给年羹尧，令他火速率领精锐之师以奉皇帝密诏的名义，接近胤禵的兵营，一旦皇十四子的军队有反常举动，将予以搏杀，不能则牵制其兵力，使其无法顺利回京师。

十四阿哥在西北拥兵十多万，如果他外与蒙藏、内与重臣联手，隆科多的那点兵力根本无法抵抗。做完了这些防护措施之后，胤禛又正式下达了一道圣旨：宣十四阿哥胤禵进京奔丧。胤禵如果不奔丧，就是不忠不孝，大逆不道。如果奔丧，就势必要暂时卸去大将军职务，这就如同拔去了虎牙。

送信的几个"粘杆处"侍卫很快离开了北京城，这些人都是胤祥这些年培养出来的亲信，完全可以放心使用。在十四阿哥还没接到胤禛的圣旨之前，年羹尧就已经得到胤禛的密信和圣旨了，他立刻着手准备应变。

胤禛圣旨到西北军营只慢了一天。胤禵接旨时，才知道康熙驾崩，胤禛继位了。圣旨上说：命令胤禵接到圣旨后即刻回京，职务由延信执掌。

胤禵大怒，他拿过圣旨反复观看，然后扔在地上，下令全军集合。相距不远的数个军营闻风而动，十余万大军苏醒过来。忙碌了两个时辰，大军渐渐集合在一处。

就在胤禵集合大军时，年羹尧来了。他一声冷笑："大将军王，你想造反吗？"

胤祯一挥手，身边的士兵一拥而上，想要擒下年羹尧。忽然，极远处的军需营浓烟滚滚，喊声震天，许多士兵在呐喊："失火了，快救火啊！"

胤祯望去，军需大营火光冲天。那里可是粮草重地，怎么会失火？他急忙传令士兵灭火。年羹尧不动声色站在营中，脸上神情满是嘲讽。

胤祯看着他，说："年羹尧，这是你干的好事吧？你当我不敢杀你吗？"

"十四阿哥要是杀了我，这谋反的罪名可就坐实了！"年羹尧丝毫不客气。

"大将军王，不可轻动！真要是杀了年羹尧，就无路可退了。"延信极力劝说胤祯。

"年羹尧，家奴耳，杀之有何不敢？"胤祯恶狠狠道。

年羹尧拿出圣旨，大声宣旨："皇帝驾崩，朝堂悲痛，现着令十四阿哥胤祯立即回京奔丧，所有事务交于延信将军。三军将士须严守军营，任何私自离开军营者，斩！"

延信走过去接过圣旨，上面写得清清楚楚，他拿给胤祯看。胤祯依旧摔在地上。就在此时，有士兵来报，刚才大军集合时，有数千名士兵来军需营说接收粮草，进了营区后却四处纵火。大火扑灭了，但是粮草损失很大，粮食仅够大军两日之需，草料全部化为灰烬。纵火的士兵已经逃窜，守营军士正追杀。

胤祯一阵眩晕，最近这一年，年羹尧负责胤祯大军的粮草供应，他每次调拨粮草都只够大军十日所需，多一点都没有，一直扼住胤祯大军的咽喉。这一把大火，更让胤祯举步维艰。

延信是个聪明人，军需营这场大火为何发生得这么巧，显然是年羹尧派人放的火。没有了粮草，大军寸步难行啊，年羹尧这么做就是防止胤祯的大军进京勤王。显然，新皇帝不信任"大将军王"。此前十四阿哥对年羹尧不做防范，看来年羹尧布局已久，十四阿哥的大军已经不可能离开西北了。

胤祯有苦难言，只能成全自己的孝义。他思虑了半天，咬牙切齿地说："好，我这就起程回京，如果皇上真传位给老四，我也就认了；如果不是这个样子，我绝不会善罢甘休。延信，你管好军队，我回来之前不可出现差错，否则我拿你是问。"

延信连忙领命。胤禛挥挥手，在场的士兵才放下武器，很快军营里的十多万士兵都偃旗息鼓了。胤禛顾不得收拾行囊，带上十余个亲信，骑着马就上路了。

延信走过来和年羹尧打招呼，年羹尧面色凝重拉着他走进大帐，和他说了很多知心的话。延信当即拜倒，和年羹尧结交甚密。逼迫胤禵回京奔丧，年羹尧完成了胤禛交给他的重任。

就在十四阿哥日夜兼程奔赴北京的途中，胤禛告祭天坛、太庙和社稷坛，同日京城九门开禁，二十日胤禛正式登基，在太和殿接受百官朝贺，颁布即位诏书，宣布施政纲领。胤禛昭告天下，宣布免除三年徭役和若干杂税。百姓得到实惠，无不称赞新帝爱民如子。

胤禛登基，各方势力蠢蠢欲动，尤其是阿哥党的成员们，他们不甘心失败，妄图以康熙没有遗诏而反对他即位。对当初隆科多口述的遗诏九阿哥开始极力否认，他到处说康熙死时只有隆科多一人在场，做不得数，需要满朝文物集体推选新帝，部分八旗首领也希望借此乱局为自己牟利，纷纷粉墨登场。一时间，大清上下弥漫着对胤禛极为不利的言论。

十四阿哥胤禵一路紧赶慢赶，终于风尘仆仆地来到北京。从西北回来的路上，他的周边始终有身份不明的壮汉紧跟，夜晚住宿时，这些人也轮流监视着胤禵一行。胤禵知道这是年羹尧安排的人手，毫不在意。监视胤禵的人都若即若离地围在他的周边，显然都是军士出身，一个个剽悍魁梧、身手不凡。

胤禵还未进城，隆科多就已经得到了信并通知了胤祥。胤祥亲自来迎接，传皇上口谕，让胤禵到巡边营歇息。胤祥将胤禵带到巡边营，安置妥当后，就以公务繁忙为由离开了。

胤禵还想再问些内幕，却没有办法了。他想去八阿哥府里一趟，巡边营的将领拒绝了。胤禵想派几个人出去，军营的人也不让去。胤禵火了，想集合他的人离开，发现战马都不见了，他的人被千余士兵团团围在中间的两个营帐里。进入北京城后，十四阿哥胤禵就落入了胤禛布下的罗网，失去了行动上的自由。

胤禛不知道的是，八阿哥胤禩也因为联系不上他，急得满嘴都是泡。所有派出的信使没有一个回音的，连秘密派出送信的人也一去不返。他们猜测一定是老四搞的鬼，但是又抱有幻想。因为康熙的灵柩已经移驾到景山，众阿哥都必须守灵，所以胤禩等人都被困在景山寿皇殿里，真是叫天不应，叫地不灵。

第二天清晨，十三爷胤祥来到军营，给他带来孝服。胤禛洗漱完毕后，穿戴齐整，在胤祥的陪伴下，直奔景山寿皇殿拜谒皇父灵柩。

胤禛看着胤祥身后跟着的数十名骑马壮汉，面孔都很陌生。一路上，兄弟俩各怀心事，走了一个多时辰，来到景山。胤禛远远地就看见志哀的灵幡在迎风飘舞，他只觉得心里一阵悲痛，一阵目眩。他催马疾行，向着最中间的大殿奔去。

在神道上的侍卫可吓坏了，他们连忙飞也似的跑了过来，嘴里还喊着："奴才给十四爷请安。"十四爷现在是连皇上都不看在眼里，哪还顾得上这些侍卫？他纵马穿过拦截的侍卫，一直奔到大殿外才下马，胤祥紧随其后。

胤禛就在大殿里，听到外面喧哗声，回头一看，刚好看到胤禛穿过侍卫的拦截，纵马闯入拜祭现场而来的情景。他眉头一拧，怒火中烧，真是太放肆了。他正要喝问，却看到胤禩和胤禟冲了过去，迎住了胤禛。

胤禩抓住胤禛的胳膊，低声道："老十四，不可造次，老四正等着抓你的把柄呢？"

胤禛失神地向两边看了一下，原来站在他左边的是八哥胤禩，而在右边架住他的是九哥胤禟！他停住了脚步，向四周望了一眼。满目都是白色的帐幔、白色的屏风、白色的几案、白色的孝服。

冷风吹过，一片呜咽之声响在耳边。大殿的台阶上，胤禛正高高地站在那里，静静地看着他。胤禛盯着四哥，半天不语。胤禩等人也不方便说什么，现场一片寂静。

胤祥打着圆场："老十四，四哥现在是皇上了，见了皇上不能不行礼吧！"说完，快步走到大殿的台阶下，跪倒给胤禛磕头。胤禛走下台

阶，扶起了胤祥。

胤禛面色沉重，远远地对胤禵说："老十四，你回来啦，回来就好。皇阿玛生前最牵挂的就是你，他老人家在天之灵，看到你回来也就安心了。进殿拜祭一下皇阿玛吧！"

胤禛主动给十四阿哥台阶下，也算给自己挽回颜面，显示出帝王胸怀，非常时期，不多计较。胤禵万分愤慨，本来自己大有希望坐江山，想不到今日却屈为臣下。但毕竟君臣有礼，他勉强地远远给胤禛叩了头，但却不向新皇帝表示祝贺。

站在近处的蒙古侍卫拉锡眼见如此下去兄弟势将反目，连忙上前相劝胤禵，想让胤禵正式拜见新皇帝。然而胤禵并不领情，怒喊："我是皇上亲弟，拉锡是掳获来的下贱之人。如果我有什么不是之处，求皇上处分；我如果没有不是之处，请皇上速将无礼拉锡正法，以正国体。"表面上看，胤禵是在攻击拉锡，实际上是把矛头指向了胤禛。

胤禛忍住怒火没有发作。胤禵三两步走上台阶，冲进大殿，完全无视胤禛。胤禩和胤禟也跟在他的后面走过来，走过胤禛身边时，象征性地磕了个头，嘴里含混地说了句"给皇上请安。"胤禛一摆手，他们就起身进殿了。

大殿内，胤禵号啕大哭，只见他浑身颤抖，心潮在涌动。胤禵这番哭是发自内心的。他为死去的康熙在哭，也为他自己的命运在哭。他的哭声感染了大殿里跪着的所有的人，这里面既有他的几个兄弟，也包括了他的母亲德妃乌雅氏和其他嫔妃们。她们都是当年康熙临幸过的贵妃等宫中的女人们。她们也在为自己的命运而哭。因为康熙晏驾之后，除德妃能够母以子贵当上皇太后外，其他的妃嫔将要面临什么样的前途，还是未知数。

胤禩知道，马上就要有好戏看了：老四怎么对待他这个桀骜不驯的弟弟，怎样平息胤禵带来的压力，关乎他能不能压服众兄弟，关乎他能不能稳稳地执掌朝局。

胤祥小声对胤禛说："皇上，老十四闹这一手也是意料之中的。您不必怒他，以免给别人口实，说您容不下自己的兄弟。"

　　胤禛冷眼瞧着大殿。自己龙袍都穿上了，文武百官都磕了头，众阿哥们也都表面臣服了，谁闹都没用，翻不了天！

　　正说着，太监魏珠从屋里跑到胤禛跟前，慌张地说："皇上，十四爷要开棺看看先帝的遗容，奴才们都拦不住啊！"

　　胤禛沉着脸，走到康熙的棺前。他手按在棺盖上，看着满殿的人，心情沉痛地说："老十四，你的心情朕理解，可是皇阿玛已经入棺，就不要打扰他老人家了吧！皇阿玛生前最喜爱你，四哥也知道你与皇阿玛父子情深，可是今天是大祭之日！"

　　胤禵哭问："皇阿玛传位诏书何在？"

　　胤祥道："没有遗诏，只是口谕。"

　　胤禛强压怒火，道："老十四，你闹够了没有，皇阿玛归天当日，几位阿哥和隆科多都在场，你来问问他们前因后果，看看我这个皇上当的是不是堂堂正正！"

　　胤祥喊了一声："隆科多，过来，还有几位在场的阿哥都出来。既然说到这了，今天就把这件事捋得清清楚楚的，让满朝文武做个见证，免得有人趁机作乱，浑水摸鱼！"

　　隆科多从大殿外走进来，先给胤禛跪倒磕头，听到"平身"后，才站起来高声述说了康熙召见他后发生的事，最后说到康熙把玉扳指放在四阿哥的手里。然后他大问："十四阿哥，我说到这里您还不明白吗？先帝特意将玉扳指交给皇上，难道这不是堂堂正正传位给皇上吗？"

　　隆科多这番话说得有理有据，在场的大臣无不点头。三阿哥、五阿哥、十二阿哥也都从各自的角度重复了当晚的事情，都说康熙很明确地将皇位传给胤禛。

　　听到这里，胤禵终于明白了为什么只有口谕，没有遗诏了，原来是康熙没来得及拟诏。那玉扳指是康熙的爱物，如同皇帝亲临，赐给老四，用意再也明显不过了，可惜自己鲁莽从事，被胤禛给耍了。他彻底意识到，四哥和他自己之间的君臣关系已是不可更改的现实了。八哥、九哥和十哥，他们也老老实实地跪在这里，自己已是孤掌难鸣，再僵持下去，不仅会被说是不孝，是叛祖，甚至抗旨、谋反的罪名也在等着

他。后悔已经来不及了，他只好默不作声，等待胤禛发落。

胤禛尽管十分恼火，总算没失态，但他先是斥责胤祯气傲心高，不尊重皇阿玛，大闹灵堂，最后下令革去胤祯的王爵，降为固山贝子。

随后，胤禛唤来礼官，准备祭奠事宜。很快，各种祭奠礼仪按部就班地进行了，没有再闹事的了。大家都很谨慎，生怕惹恼了胤禛。可是，祭奠过后，这场灵堂闹剧还是被别有用心的人传了出去，而且添油加醋、歪曲事实，竟将胤禛贬斥为窃取十四阿哥皇位的恶人。

第六章　承继大统

第七章　抄家皇帝

祭奠结束后，按礼法要停灵一段时间。胤禛率领文武百官回朝，丧事告一段落，朝野上下都松了一口气。

朝堂政务一切都恢复正常了。胤禛坐在龙椅上，下面站着文武百官，唯有胤祥身旁有一把椅子。这是胤禛特别赐予他的椅子，可以在朝堂上坐着。可是，胤祥坚持不受，拖着病腿上朝，一站就是大半天。

胤禛说了一会思念康熙的话，然后又说到了政务。他当朝宣布：任胤禩、胤祥、隆科多、马齐四人为总理事务大臣。总理事务大臣位尊权重，是新朝的核心，也是新君的亲信。胤禛用人不避嫌，马齐是胤禩的亲信，这是众所周知的事情。他和胤禩二人竟然能成为新君的辅政大臣，确实让众人感到意外。此外，胤禩及其追随者纷纷加官进爵，许多常年赋闲在家的人都得到了官职，因此他们都弹冠相庆。其他官员也各有升迁、奖赏。胤禛还封了胤礽之子弘晳为郡王，这一切表现胤禛宽宏大量，手足情深，唯才是举。

胤禵依然是大将军，可惜他的爵位没有恢复，在服丧期间，他也回不了西北。对胤禛威胁最大的就是十四阿哥，此次调虎离山，怎么可能再放他回去。胤禛一直在找机会夺去他的军权。

诚亲王胤祉当朝上疏，援例陈请将诸皇子名中"胤"字改为"允"字。又因"祯"与"禛"字同音，因此胤禛被改为"允禵"。十四阿哥原名就叫胤禵，后来被康熙改为胤祯。胤禛即位后又改回其原名，只不过将"胤"改为"允"。

胤禛非常满意，三阿哥能如此明事理，紧跟自己的步伐，为自己着

想，当即同意了胤祉的上疏，称他为"允祉"。其他阿哥都知道这个避讳之事，也没人纠结此事，都各自改了名字。

受封后的胤禛十分开心，来到胤禩府里。他说："老四还算懂事，给我的官还不错。哈哈！"

胤禩的嫡福晋却说："有什么可喜的？不知道哪一天要掉脑袋哩！"

胤禩也担忧地说："皇上今日加恩，不知道哪天会诛杀我？"

他们这些当初储位斗争的当事人都明白，胤禛是不会放过他过去的政敌的，现在的荣宠是靠不住的，是不会长久的。他们大多对胤禛的这种拉拢性的临时政策看得很清楚。

胤禛也提拔了大量的亲信，封允祥为怡亲王，隆科多袭一等公，以及分封了一些地方上的重臣。官封出去了，为胤禛摇旗呐喊的人也有了，可是做官就要有俸禄，官银从哪里来呢？

胤禛的前任圣祖仁皇帝康熙，亲手创造了一个太平盛世，也留下了严重的后遗症：吏治腐败、税收短缺、国库空虚。胤禛接手的摊子，表面光鲜，内里腐烂。在海晏河清的背后，危机重重。

胤禛接手时，国库储银仅八百万两，而亏空的数字却大得惊人。胤禛不无忧虑地说："历年户部库银亏空数百万两，朕在藩邸，知之甚悉。"又说，"近日府道州县亏空争粮者正复不少""藩库钱粮亏空，近来或多至数十万"。

如此看来，堂堂大清帝国，竟是一空架子——外面看强盛无比，内里却空空如也。国库空虚，关系重大，新皇帝岂能坐视？然而钱粮的亏空，又不简单地只是一个经济或者贪腐的问题。各地亏空的钱粮到哪里去了？胤禛看得很清楚：不是上司勒索，就是自身渔利。而户部的银子，则是被众阿哥和权贵们在不借白不借的心理支配下"借"走了，其实就是侵吞。这么多人挖国家的墙角，国库还有不亏空的道理？由此可见，亏空关系到吏治，吏治又关系到体制，这是一个连环套。对这个连环套上的每一个环节，都含糊不得。

如果说，争皇位要靠军队护航，那么，治江山就得靠钱养人，所以亏空不能不补。吏治的腐败是最大的腐败，所以吏治不能不抓。两件事既然都与制度有关，则制度也不能不改。胤禛把这一切看得十分清楚。因此，清理亏空和改革吏治这两件事，在他登基后就变成了首要之事。它们是最好的改革突破口，也是当务之急。

既然康熙之政失于宽仁，胤禛就要来个疾风骤雨式的改革。对他来说，实行改革也无疑会有心理压力。他也曾经思想斗争，最后还是尊重现实，走上了改革的道路。在寝宫养心殿西暖阁挂有胤禛亲自书写的一副对联"愿以一人治天下，不以天下奉一人"，是他政治思想的最好注解。

胤禛把自己和康熙作了一个比较，说自己事事不如其父，唯独在官风民情上比康熙知道得多。他认为康熙八岁即位，深居宫中，很难了解真实情况。胤禛说："对下面情况的了解，朕是亲身经历得到的。朕为雍亲王多年，凡是臣下结党施行奸计，互相拉关系，相互徇情办事，对皇上、对上司欺诈蒙蔽，阳奉阴违，假公济私，当面顺从，背后另干一套等各种恶劣风习，都不能逃过朕的眼睛，朕都知道这些弊病。朕对于下情的透彻了解，和历史上从藩王当上皇帝的人，如汉文帝等比较，朕的见闻，要比他们多得多。"

可见，胤禛对他在当雍亲王时的经历颇为自负。这不是自我吹嘘，而是有理由的。他在康熙时期奉旨处理政事时，就对当时国库亏空、钱粮短缺的情况非常留意，因而形成了兴利除弊的思想。面对千头万绪的政治局面，他知道如何入手。

在改革的过程中，胤禛遇到了很大的阻力和舆论制约，他能够难中取易，险中取胜。只要认准一件事，他都会当仁不让，下定决心去做，不达目的绝不罢休。

首先，胤禛借铸造新币之机，首先实行了货币改革。胤禛通过对顺治、康熙朝铸币制度调整频繁造成的铜钱大小、轻重、价值不一的混乱局面的深刻反思，对铜钱的重量、铜铅的配铸比例、鼓铸用铜铅的价格、各局铸钱的卯数、物料以及炉匠工钱的支付都作了明确的规定。尤其是统一铜钱铸重为一钱二分，重量适中，成为定制，规范了铸钱制度，结束了不同重量的铜钱并存于商品市场造成的交换难的局面，便利了货币的流通，有利商品经济的发展。

康熙去世一个半月后，胤禛下令户部全面清查亏空钱粮。他"不顾康熙尸骨未寒"，就对积弊大动干戈，可见其决心之大，也可见事情之紧迫。这是胤禛即位之后的第一个大战役，关乎国本，也关乎帝位。一旦无功而返，或半途而废，不但自己身败名裂，国本也可能为之动摇。因此只能胜，不能败，只能进，不能退。

胤禛信心十足。他的自信是有道理的。他确实不是糊涂皇帝，更不是纨绔阿哥。而且，与康熙皇帝相比，他还有一个优势，就是洞悉下情。各级有什么鬼心眼、小动作，官场上有哪些流习和积弊，他都一清二楚。他深知，下级对上级，地方对中央，向来就是"上有政策，下有对策"。中央的政令到了下面，没有不打折扣的。清查亏空牵扯到那么多官员的切身利益，他们岂有不研究对策之理？

自古以来，靠贪官去查自己下属的贪墨和亏空，那是永远也查不出来的，他们的上司也同样不可靠。因为没有一个贪官不巴结上司，不给上司行贿送礼。如果他不巴结上司，或者上司不接受贿赂，他还能贪到今天？早就是被查出来，被弹劾罢官了。即使他的上司是清廉的，也不可靠。因为地方上的亏空如此严重，贪墨如此猖獗，他们居然毫无动作，只能是三种情况：要么是昏官，对下情一无所知；要么是庸官，知情而不敢举报或无力纠察；要么是混蛋，为了保住自己的官位官声，对下面的胡作非为睁眼闭眼，包庇纵容，搞'地方保护'。靠这些人去清查亏空，将是竹篮打水一场空，即使他们自己手脚干净。

胤禛最后决定直接派钦差大臣下去查亏空。这些钦差直属皇上，与地方没有任何瓜葛，是为官清正又精明强干的能员。这些钦差也不是一个人下去查案。吏部从各地抽调了一大批候补的官员随钦差办案。钦差身边会有很多双眼睛盯着，不会被轻易拉拢。同时，候补的官员与钦差一起查账，查出一个贪官污吏，立即就地免职，然后从中直接选一个接任。

这是一招妙棋，也是一招狠棋。因为胤禛深知官官相护，是官场顽疾。历来的继任官，总是会帮着前任补窟窿，然后自己再留下一大笔亏空，让后任去擦屁股。亏空之所以总也补不上，这是其中的原因之一。但这一回后任是来查账的，当然不会打圆场，做掩护。这样，贪官就再

也无处遁逃，只有低头认罪，接受处罚。因为没有后任给他补漏洞，他当然也不愿意为前任背黑锅。于是，就连他的前任，甚至前任的前任，如有贪污挪用，也难逃法网。

贪官们当然不会束手就擒。他们还有对策，即借钱借粮来填补亏空。这也是老办法：上面要来查账时，就从当地富户那里借些钱粮来放在库里。上面的来人一看，分文不少。检查团一走，这些钱粮又还回去。因为是官借，利息高，又不怕不还，再说富户们也不想得罪地方官，因此这个办法也屡试不爽。

胤禛在派出钦差的同时，就给地方的老百姓先打招呼：谁也不能借钱粮给官府。要借也可以，这些钱粮既然被说成是官府的，就是官府所有，那些借钱借粮给官府的人，就再也别想把它们收回去。官府宣布会随时调拨这些钱粮。这一下，谁借钱借粮给贪官们，谁就可能竹篮打水一场空。那些富户不想得罪官员，难道他们就不怕得罪皇帝？再说，谁愿意将自己的钱粮白白地送给官府？

贪官们掩饰亏空应付检查的路都被堵死了，他们也只好认账。不过他们还有一个手腕，就是把贪污说成是挪用。这是避重就轻之法。虽然都犯了王法，但贪污罪重，挪用罪轻。何况，挪用有时还是因公，比如紧急救灾、临时招待、应付上司等，属情有可原。胤禛当然不能让他们得逞，他先查挪用，后查贪污。在赔偿时，先赔挪用部分，后赔贪污部分，一分一厘都不能少。无论贪污还是挪用，每一笔账都要查清楚，不能混淆。这下，贪官们最后一条退路也被堵死。

胤禛最后定下来的惩罚办法有三种：一罢官，二索赔，三抄家。为什么要先罢官呢？试想，有哪个贪官会从自己身上剜肉下来填补亏空呢？肯定是加紧盘剥百姓。结果，国库充盈了，百姓却大吃苦头。

胤禛道："朕要锐意改革，既要国富，也要民强，不能让贪官污吏分文不损，平民百姓加重负担。先罢官，后索赔。一个被罢免的官员当然无法再鱼肉百姓了，他们只能自己掏腰包，自己出血。至于这些官员们是怎样好不容易熬到这个官位的，朕可不管。朕岂有惜此一贪吏之理？杀人偿命，借债还钱，亏了国库，岂有不赔之理？"

整治了地方，胤禛又将目光集中在京城各部的钱粮奏销上。中央也有一笔糊涂账，一是各省向户部上缴税银或报销开支时，户部要收"部费"，也就是现在说的"好处费""茶水费"。没有"部费"的，哪怕是正常的开支，亦无手续或计算方面的问题，户部也不准奏销，甚至拒收税款。相反，如果有"部费"，即使是浪费亏空上百万，也一笔勾销。二是各部院动用钱粮，都是自用自销，根本无人监督。要从根上铲除这个毒瘤。

胤禛要成立一个独立的核查部衙，它的任务就是专门稽查核实中央各部院的钱粮奏销。胤禛的想法确实是高屋建瓴，有的放矢。这么一来，各地方上缴税银或报销开支，各部院动用钱粮和报销经费，都要通过稽查核实，谁也做不了手脚。各部院无法贪污，地方官员想通过花一点好处费，就把自己上百万的亏空全部赖掉，也成了不可能的事。

雍正元年（1723 年）的第一天，胤禛改年号为雍正，是为雍正皇帝。"雍"即指雍亲王（即位前的封号），"正"即正统、名正，表示其是正当即位。

正月里，雍正连续下了十一道谕旨给总督、巡抚、知府、知州、知县、文官还有武官，告诫他们不许贪污，不许受贿，不许克扣，武官不许吃空额，违者严重治罪。

正月十四日，雍正下令成立了一个新的衙门——会考府。这一下，贪官污吏全都傻了眼。会考府的设立代表雍正皇帝向官场腐败正式宣战。

雍正声明：他不能像皇父那样宽容，他要向贪官污吏开战。他甚至对主持会考府的爱弟怡亲王允祥说："尔若不能清查，朕必另选大臣。若大臣再不能清查，朕必亲自查出。"雍正帝推行新政的决心，跃然纸上，铿锵有声。

雍正下令：清查之中，无论涉及什么人，都决不宽待。比如户部查出亏空白银二百五十万两，他们一再说明是历史上的原因造成的，康熙在位的时候就有了。可是，雍正毫不留情面，责令户部历任尚书、侍郎、郎中、主事等官吏共同赔偿一百五十万两，另外一百万两由户部逐年偿还。有的尚书已经告老还乡多年，还有的已经去世多年，都被勒令由家人交出亏欠的银子。

就连十二阿哥履郡王允祹也没逃过处罚，因为他曾经主管过内务府，在追索亏空时，发现他挪用了两万两银子。由于还不出钱，他只好将家中器物当街变卖。

皇上至亲尚且如此，还有哪个官员能够赖账？雍正不怒则已，这一发怒真是雷霆之威，大清上下到处都是朝廷派出来查账的官员，所到之处"哀鸿遍野"。国库很快充实起来，近六百万两白花花的银子收归朝廷。这让雍正的心里有了底。

西北战局不稳，准噶尔部虎视眈眈，年羹尧坐镇前线，每天都开销甚巨。国库有了钱，军饷和粮草源源不断地发到前线，作战有了坚实的保障。

为了沉重打击贪官，雍正还规定：严禁任何人垫付或代赔。过去追赃时，常有拍马屁的下属和被逼迫的百姓代为清偿，而朝廷往往是只要能收回银两，账面相符了，也就不管钱从何来。然而雍正不以为然。他说，即使下属州官县官有富裕，也只能用来造福地方，怎么可以替上司退赃呢？至于士民代赔，更是混账。无非或是土豪劣绅勾结官府，想留下那贪官继续执政；或是流氓恶棍趁机敛财，以替上司还债为名敲诈百姓。因此雍正明令不准。

他的板子都结结实实地打在贪官污吏的屁股上，不但要追赔，还要抄家。亏空官员一经查出，一面严搜衙署，一面行文原籍官员，将其家产查封，家人监控，追索已变卖的财物，杜绝转移藏匿赃银的可能。也就是说，赃官们的罪一经核实，就把他的家底抄个干净，连他们的亲戚、弟子的家也不放过。

允禟挖苦："从古到今，从来就没有一个靠抄家充实国库的皇帝，老四也是头一个了。"

全国上下一片抄家声，没多久，雍正就得了个"抄家皇帝"的封号，甚至连牌桌上都有了一种新打法："抄家和"。可见当时官场上对这"刻薄皇帝"的怨毒之深。

雍正下令："丝毫看不得向日情面，众从请托，务必严加议处。追到水尽山穷处，毕竟叫他子孙做个穷人，方符朕意。"

乱世用重典，为国家计，为社稷计，不如此不足以拨乱反正。没有

雍正大刀阔斧整顿吏治、肃清贪官、清理积欠，就不会有后来的"乾隆盛世"。雍正的做法手段刚猛，但却是一剂良药。雍正王朝的赃官们看来只有死路一条了。可惜，在雍正时代，他们连条死路都没有。雍正的政策是：死了也不放过！

广东道员李滨、福建道员陶范，均因贪污、受贿、亏空被参而畏罪自杀，希望死无对证，一了百了。雍正大笑："传旨，找他们的子弟、家人算账！这些家伙自知罪大恶极，自身难保，就想一死抵赖，牺牲自己的性命保住财产，让子孙后代享用。可惜朕不吃这一套。依照人之常情，杀人不过头点地，人一死，再大的事也一了百了。但朕要做的事就一定要做到位，哪个贪官也别想有侥幸心理。一追到底，就算一直追到阎王爷那里也要追，不下狠心，就刹不住贪污腐败之风，我大清怎么能传世万年。"

雍正决心刷新吏治，剔除康熙朝既成的贪墨之风，变宽为严，于是，一个清明的吏治环境出现了。事实证明，雍正这一系列政策和措施，确实沉重地打击了贪官污吏，国家的吏治也为之一清，雍正反腐倡廉一开始启动，国库储银就由康熙末年的八百万两直线上升，达到了近两千万两。更重要的是，社会风气改变了。"雍正一朝，无官不清"的说法，也许夸张了点，却是对雍正大刀阔斧、大力改革、依法治国的公正评价。

雍正新政有气势、有新意、有胆量、有魄力，可谓雷厉风行，振聋发聩。颁布之后，所有官员，有所警醒，有所震动，吏风一时间是敬谨勤慎，贪腐恶习大为收敛。

文武百官这一次真正领教了雍正的厉害，以前都说他是"铁面王""冷面王爷"，那都离自己太远了。如今做了皇帝之后，雍正的铁腕手段比从前更严厉，官吏人人胆寒，只好收敛了贪腐之心。

雍正对他的改革有一个总的要求，就是"雍正改元，政治一新"。即要随着新朝的开始，剔除前朝积弊，在政治上出现一个崭新的局面，形成国富民殷的盛况。雍正不仅看到了康熙朝的问题，而且深知其渊源，绝非一朝一代所形成，所以他的改革胃口很大，宣称："朕欲澄清吏治，乂安民生，故于公私毁誉之间，分别极其明晰，晓谕不惮烦劳，务期振数百年之颓风，以端治化之本。"

第八章　为民谋利

　　惩治了许多贪官污吏，就需要大量的新鲜血液补充上去。为了招揽人才，也为了巩固自己的江山，雍正钦命试题，准备大开恩科，广泛选拔人才。一朝天子一朝臣，雍正就是要通过恩科取士的方法，选拔出忠心于自己的能臣干将。

　　大清地方开始层层筛选俊杰，到处都是应考的热血青年。他们发奋苦读，都想在这次公开、公正、公平的恩科中脱颖而出，力拔头筹。

　　雍正对这次俊杰广泛参加应考非常满意，他期待通过这次恩科招揽更多的人才，组建一支完全听命于自己的"近卫军"。应考的文人来自各个阶层，而且不受身份限制，只要有才华，都可以应考。雍正这么做的目的也是出于他一直以来的立场——满汉一家。

　　雍正认为要在关内立足，搞好与汉人的关系是必须的，他大力倡导满汉一体。清朝入关后，朝中满蒙出身的大臣地位历来超然，而汉人臣子上升的空间却较小，虽然康熙当年提拔了一些汉臣，但是大清重要的官职几乎都是八旗出身，而且有许多官职指定必须是八旗出身才能担任。这样有失偏颇，应该增加汉臣的比例。雍正深深体会到，不撕破八旗这张势力网，就不会江山永固。于是，雍正向八旗旗主、管主这样的贵族集团开刀了。

　　八旗军的军功使得它在清初的历史上有着举足轻重的地位。然而随着朝廷事务的增多、八旗旗主、管主对权力的追逐，八旗军成了皇权直接管辖不到的地方，骄纵、腐败恶习日益滋生，皇族之积弊痼习也越来越显著。八旗各旗旗主是一个旗的最高统治者，拥有很高的权力，与旗

下有着严格的主从关系。旗下隶属于旗主，与皇帝是间接关系，即使是皇帝要调用旗下民众，也必须通过旗主才行。而且各旗内亲王、贝勒、贝子均为世袭，也不受皇帝控制。八旗的所有权，更多的是属于旗主。换一种说法，就是旗下有两个主人，一个是旗主，一个是皇帝。就实质来说，八旗旗主的这种特权是和传统的封建中央集权相冲突的。随着清朝统治的巩固，皇帝要直接掌管旗民，加强皇权；然而旗主要维持对旗下的所有权，从而导致旗主的这种特权与皇权的矛盾日益尖锐。

对旗主权力的限制从顺治就开始了，现在雍正又大力改革。这样，大清朝廷管理八旗的制度就经过了三个阶段的变化：先把旗主变为管主，再把管主变成都统。从形式上看，他们都在管理旗务，但有本质的不同。旗主是世袭的王权，旗主与旗民的关系是主仆关系；管主代替旗主，其职务是皇帝临时指派的，不能世袭，与所属旗人自然就没有主仆关系可言了；都统的身份就更差一层了，只是八旗的军政长官，是一个职务，与所在旗的旗民是官民关系，可以随时调离。通过整顿旗务，健全规章，雍正又逐渐削弱八旗旗主的特权。

雍正削弱八旗王公与属下的私属关系，有着深远的意义。他将整顿旗务与打击朋党联系在一起，既削夺了八旗集团的势力，又削弱了八阿哥党等朋党集团的势力。这样就逐步废除了王公贵族享有的特权，同时又大大加强了皇帝的权威。这和当时的政治实际密切相关。

雍正为了调解满汉矛盾，不仅严厉打击了不法旗人，还重用了汉人，这是有利于汉人的措施。不过，从巩固其统治地位出发，雍正最终还是执行了清朝统治者既有的依靠满人、团结汉人的方针，还是把满人作为清朝政权的最核心基础。

为了安抚八旗旗众，雍正在召见八旗大臣时宣称："八旗满洲为我朝根本，根本一定要牢固，为此要根据满洲现存问题，逐一解决。限诸臣于三年之内，将一切废弛陋习，悉行整饬，其各实心任事，训练骑射，整齐器械，教以生理，有顽劣者，即惩之以法。"

为了稳固统治，雍正尽最大能力推行满汉一体、共同受益的政策。他强调千百年来，汉人关心的就是一个字——吃。民以食为天，只有让

汉人真正受益，吃饱肚子，得到真实惠，才会满汉情深，基业万万年。

雍正认为："四民之业，士之外，农为最贵，凡士、农、工、贾，皆赖食于农，以故农为天下之本务，而工贾皆其末也。"他十分清楚作为最主要的生产部门——农业的重要作用，同时也为当时出现的人口繁多、垦田有限、粮食不足等问题感到担忧。为推动农业生产的发展，雍正采取了许多大胆的措施，其中有沿袭前人的，也有自己独特的创见。

雍正执政伊始就说："稼穑为生命之所关，非此不能生活，而其他皆不足恃。""农事者，帝王所以承天养人，久安长治之本也。""数十年来，户口日繁，而土地止有此数，非率天下农民竭力耕耘，兼收倍获，欲家室盈宁，治不可得。"他这些话的意思是说：庄稼是生命的关键，农业是君主们按天意养活百姓、安邦定国的根本之所在，离开人就不能生活了，其他的都是次要的。做帝王的人就是受上苍之命，指点老百姓种田养家，以使国家达到长治久安的目的。

为此雍正提出了重农务本、富国安民的重要治国方略，倡导"导民务农为第一要政"。一句话，就是把农业放在国家众多事务中的首位，高度肯定了农业是国家强盛根本之所在，指出了社会改革政治的基本问题是发展农业，只有发展农业才能富民强国。他谕令地方文武官员，凡有关农业问题，事无大小，都要随时奏报。

雍正为了推动农业生产的发展，不只是沿袭前朝农业方面的经验，而且还通过尝试做出了许多大胆的改良工作，其创新精神也是值得后人学习的。这也可能是雍正时期农业之所以如此繁荣的原因吧。

雍正曾亲自扶犁耕地，亲自播种割禾。这就是雍正推行的耕耤礼，被其后的历代清帝遵循推崇。他曾经写过这样一首诗："农事惟邦本，先民履亩东。翠华临广陌，彩轷驾春风。礼备明神格，年期率土丰。劝耕时廑虑，敢为惜劳躬。"这是雍正亲自耕田有感而作，诗中继承了中国历代统治者的"农为邦本"的思想，表明了他对农业作为本业的重视。

雍正说："农人辛苦劳作以供租赋，不仅工商不及，不肖士大夫亦

不及也。"这就从根本上肯定了农民的作用和地位。在这句话里，他把农民高高抬了起来，认为农民把辛勤劳动的成果供给政府税赋，支持国家，这样巨大的贡献非但工商业者无法比拟，就是那些不贤能的官员也无法跟农民的贡献相比。为了树立模范代表，雍正还别出心裁地让地方推选优秀农民代表，给他们崇高的礼遇。他认为：官员能有朝廷的顶戴，农民为什么就不能有顶戴？因此雍正下令各州县官员，每年必须在各乡中选择一两个勤劳俭朴又没有过失的老年农民，授予他们八品顶戴，以示奖励。几十岁的老农民戴上皇帝钦加的官衔顶戴四处演示自己是如何务农的，这在乡村之中是十分惹眼的。被选中的农民心里的那份骄傲溢于言表，对发展农业、鼓励农民认真务农起到了一定的促进作用。

为了弥补现有耕地的不足，雍正下达了垦荒造田的奖励措施。雍正充分认识到人口增长快于耕地增长速度所带来的地少人多的矛盾，他说："良田地土之所产如旧，而民间之食者愈多，所入不足以供所出。"而解决地少人多的主要方法就是大力推广和奖励垦田行为，扩大耕地面积。他指出："凡属闲旷未耕之地，皆宜及时开垦，以裕养育万民之计。是以屡颁谕旨，劝民耕种。"

在垦荒的过程中，农民得到了一些实惠，但是士绅利用多种手段将新垦田纳入自己的口袋。为了解决新垦田地隐匿太甚、田土纠纷太多的问题，雍正决定采取清丈田亩的方法。清丈田亩，古已有之，但历来难以真正实行。这是因为一旦清丈土地，必然触及很多方面的利益，地主豪强和平民百姓都想将新增田地隐瞒下来，以逃避赋税，所以不惜一切千方百计进行干扰和阻挠。允祥奉命亲自负责此事，他调集了大量的能干人员，强势进入，开始了轰轰烈烈的丈量土地大行动。

对于丈量过程中出现的一些不和谐因素，雍正早有预料。他说："视乎其人，因乎其地，斟酌万妥，然后举行一二处。"他并不想进行太大规模的社会变革，使社会出现动荡不安的局面，因而只是将清丈作为一种补救措施随机应用。只要被丈量出的新垦田能够补足税赋，明确责任，也就不予追究。雍正在奖励垦殖，发展农业上倾注了巨大心血。特

别是在推行垦荒令的同时，能够坚持到底，并能针对实行改革过程中的漏洞和错误及时加以补救和纠正，作为一代有创见的封建君主，他的功绩将载入史册，受到后人敬仰。

农业离不开水，水少了旱，水多了涝。雍正知道水利事业关系民生，兴修水利是关系国计民生的百年大计。在雍正的领导下，黄河、淮河、永定河、子牙河、卫河、淀河以及钱塘江等的堤防都得以妥善加固。这是一个前所未有的壮举，以前历代皇帝治理水患都是口号喊得响，实际行动差。雍正是最认真抓水利事业的皇帝，他首先抓管水利事业的官员，并让允祥时刻关注水利。雍正十分重视选拔优秀官员到治河现场实地学习，以培养治水人才。雍正在即位后的短短几年中，通过任用重臣，不惜花费巨资，基本根除了直隶等地区的百年水患，其雷厉风行的作风和想造福于民的决心已为百姓所知，同时也必将受到后人的敬仰。雍正大规模兴修水利，功在其时，利在千秋。

物力维艰，生产不易。即便农业丰产，垦田增加，水利得益，雍正还是不敢掉以轻心。他不仅深知"民以食为天""农为天下之本务"的道理，而且看到了人口日益增加而粮食产量有限，"所入不足以供所出"的问题。为此，他在采取一系列兴农政策和措施努力增加粮食生产、慎重仓储的同时，还特别强调爱惜和节约粮食。

雍正一生饮食简单，不好奢靡。他最看不惯浪费粮食的行为。大多数情况，每餐他仅吃四个菜，而且都是寻常的家常饭菜。即便宴请大臣，他也不铺张浪费，待臣子们吃饱了，桌子上的饭菜几乎所剩无几。

对于剩饭剩菜，雍正舍不得倒掉，他曾谕令膳房："凡粥饭及肴馔等食，食毕有余者，切不可抛弃沟渠。或与服役下人食之，人不可食者则哺猫犬，再不可用，则晒干以饲禽鸟，断不可委弃。朕派人稽查，如仍不悛改，必治以罪。"雍正为节约粮食可谓费尽心思，从人食、猫食、犬食到鸟食，都交代得清清楚楚。至高无上的封建皇帝，专门为剩粥剩饭的处理下一道特谕，在中国几千年的历史上大概也是绝无仅有。

有一次，雍正步出养心殿散步，看到膳房沟水内仍有倒掉的饭食残

渣，他便训诫膳房太监说："膳房沟水内抛弃饭粒甚多。从前不时晓谕，尔等并不严饬所管人役。如朕再行查出，必不轻恕尔等，不单罚尔等之俸、革膳房人等钱粮而已。慎之！慎之！"膳房里的太监和厨师等都知道雍正的脾气，从那以后再也不敢浪费食物。

不仅要管住身边的人，雍正还要告诫天下臣民，不管家中有多少存粮，都不要忘记灾荒之年那些被饿死的人。为此，他颁布长篇特谕，说："夫米谷为养命之宝，既赖之以生，则当加以爱惜，而不可存轻弃之心。且资之者众，尤当随时撙节，而不可纵口腹之欲。每人能省一勺，在我不觉其少，而积少成多，便可多养数人。若人人如此，则所积岂不更多，所养岂不更众乎？"雍正建议百姓养成节约的好习惯，不要成为饱食终日，无所作为的人。他提倡健康饮食，每顿只吃七成饱，这样既节约粮食，还养生。

为了打消人们"少食伤身"的顾虑，雍正现身说法。他特别在邸报上说："养生家以食少为要诀，固所以颐神养和，亦所以节用惜福也。况脾主于信，习惯便成自然。每见食少之人其精神气体未尝不壮，此显而可见者。"雍正饭量不大，注重少食，因此他的身体很健康，身上没有赘肉。他还用"天人感应"说训诫缙绅百姓："米谷乃上天所赐以生养万民者，朕为天下主，唯有敬谨宝重，仰冀天心默佑，雨旸时若，岁获有秋，俾小民家有盖藏，人歌乐土。朕既为万民计，不敢轻忽天贶，尔等绅衿百姓，独不为一身一家之计乎？朝夕生养需用，既受上天之赐，若果加以爱惜，随时撙节，则上天必频频赐赉，长享盈宁之福；若恣情纵欲，暴殄天物，则必上干天怒，不蒙赐赉，而水旱灾祲之事不免。其理岂或爽哉！"雍正这样做的目的是告诉那些士绅，不要因为粮食多了就大肆浪费，上天都看在眼里，那些不爱惜粮食的人会受到上天的惩罚。在封建社会里，雍正的说法还是令人信服的，无论是百姓还是士绅都开始节约粮食，增加积累。国民财富就这样一点点增长起来。

百姓手中有粮，心中不慌，社会少了流民，也少了矛盾。随着各项农业政策调整逐渐到位，大清出现了一种明显的蒸蒸日上的气象。此

时，另一件事情刻不容缓地摆在了雍正的面前，那就是差徭和田赋的征收问题。差徭和田赋是封建臣民对封建政府应尽的义务，历朝以来都是分别征收。由于差徭很重，无田的平民无力承担，加之士绅逃避差徭，造成了差徭不均的局面。人口多就要多承担徭役，在这种情况下，平民只能以隐匿人口来逃避，面对这样一种不合理的制度，也为了让百姓安心务农，雍正进行了深化改革，大力实行摊丁入亩制度，丁税固定下来并平均摊入田赋中，征收统一的地丁银，从此以后不再以人头为对象征收丁税。消息传出，百姓拍手称快，他们终于不再为多生孩子感到苦恼了。

明末清初，连年征战，百姓死伤流亡甚多，人口急剧下降。顺治八年，大清在册人口只剩下三千余万人，耕地只剩下五十多万顷。山河残破，经济凋敝，且阶层矛盾、满汉矛盾十分严重，国内大小起义暴动数十起。虽然清朝没有像元朝那样把百姓分成几等，但是满人在汉人之上是显而易见的。清廷为了让百姓安心生产，恢复和发展社会经济，缓和矛盾，稳定社会秩序，巩固政权，毅然抛弃了关外的赋役制度，试用了明朝曾经小范围推行过的"摊丁入亩"制度。顺治继往开来，他以仅存的《万历条鞭册》为依据，进行赋役征发。在其征发的过程中，清朝统治者逐渐体会到了《万历条鞭册》中某些"摊丁入亩"措施的合理性。顺治是个谦虚好学的皇帝，他听从臣子们的建议，也认为土地确实是完整的、稳定的，而人口却是变动的，因此，按田定役或摊丁入亩的制度就比按人丁定役的里甲制度要稳妥和适用。于是，清朝顺应晚明的这种趋势，即本着明朝役法改革的精神，选了两个省推行"摊丁入亩"，用按田编役之法逐渐代替了里甲编审制度。康熙年间，朝廷下令"丁随粮派"或以田摊役，颁行了摊丁入亩之制，饬令各省奉行。但是，各省多有自己的对策，在执行的过程中阳奉阴违，不肯大力推行。

雍正执政后，他全面彻底地推行"摊丁入亩"，制度更宽松，民众受益更多，将丁役负担从人口方面全面转向土地方面，以减轻民众疾苦，稳定社会秩序。

摊丁入亩制度的实施，是按田亩多少来征收所有赋税的，改变了原来丁、地分征带来的赋役不均状况，使无地和少地的农民可以不负担或少负担赋税，并把原来归农民负担的部分税款转摊到地多丁少的地主富户身上，这种损富益贫的政策保证了赋税负担相对合理化和平均化。打个比喻，就是赚钱多的人多纳税，赚钱少的少纳税，自然受到百姓的欢迎。对这一点，雍正很清楚，他说"丁银摊入地亩一事，于穷民有益，而于绅衿富户不便。"雍正的臣下也明白，如福建布政使沈廷正也说："丁银归并地亩，于穷黎有益。"可见，雍正实行摊丁入亩制度，是有意识地压抑富户，扶植贫民。这对于调解社会矛盾，缓和贫富差距过大显然有益处。

这一制度彻底结束了地、户、丁等赋役混乱的现象，完成了人头税并入财产税的过程，彻底废除了自西汉以来的人头税；由于征税的对象是土地，政府同时放松了对户籍的控制，增加了大量可以自由流动的没有土地束缚的廉价劳动力，对活跃商品经济起了推动作用；无地少地的农民摆脱了丁役负担，不再被强制捆绑在土地上，他们可以根据谋生的需要异地迁移，进一步松弛了农民对土地的依附关系，对当时的社会经济，特别是对资本主义萌芽的发展，起到了积极作用。

雍正向各省督、抚、司、道及府州县各官分别发布谕令，要他们把钱粮征收放在所负之责的首位，不得任意苛索。且对直接征收钱粮的州县官谕令尤严，指出："尔州牧县令，乃亲民之官吏，治之始基也。""至于钱粮，关系尤重，丝毫颗粒，皆百姓之脂膏。增一分则民受一分之累，减一分，则民沾一分之泽。"

摊丁入亩是中国赋税制度史上的一项重大改革，从康熙年间辩论要不要实行，到雍正年间普遍推行，再到乾隆年间在全国完全实现，中间经历了半个世纪。这个过程表明，它的实现是各方利益激烈碰撞的结果。在这个过程中，雍正的功劳是不可磨灭的，正是这位锐意改革的伟大帝王高瞻远瞩，果断处事，在前朝的基础上大胆推进、努力进取，与民方便，才取得了不朽的业绩。

摊丁入亩制度的实施还促进了清朝人口的迅速发展。因为平民百姓不必再承受人丁税的负担，生活压力的减轻，使他们有了较大能力将子

女养育成人，大清的人口迅速增长起来。百十年间，四万万人口的庞大国家形成了，强大的文化和国力吸引着周边的国家来朝。

此外，在推行"摊丁入亩"的过程中，为了加强对士绅的控制和治理，雍正还取消了士绅优免特权，实行官绅一体纳粮政策，这是对官员、士大夫阶层的一种强制管理，因为以前的制度是士绅阶层享有凌驾于普通百姓之上的特权，不用交纳粮食税，不用服兵役和其他徭役。但是士绅并不满足，他们还积极谋求种种非法特权，其不法行径多种多样：出入官衙，包揽讼词；欺压小民，横行乡里；无视国法，抗交钱粮丁赋；或者将别人的土地挂在自己名下，免除杂役从中渔利等等。这些恶霸行为让雍正十分愤慨，对此痛斥："种种卑污下贱之事，难以悉数。"不法士绅的种种特权行为对封建统治构成了直接的危害，侵犯了政府的权力，危害了百姓的利益，破坏了三者之间的政治平衡。

雍正下令革除士绅们"官户""宦户""儒户"等名目，不再给他们特权，让他们的家人与百姓一同交纳钱粮和火耗，一同当差服役。为了彻底打掉这些人的气焰，雍正下令，敢于违抗的士绅，敢于隐瞒实际情况的地方官，一旦查出，即行重处。雍正深知地方官易同士绅勾结在一起，特地告诫他们要认真落实这项政策，不要敷衍了事："倘有瞻顾不力革此弊者，或科道官参劾，或被旁人告发，必治以重罪。"为此，雍正还派出很多工作组深入到基层，发现问题，及时解决问题。过了两年，雍正再次重申了士绅只能免自己一人丁粮差役的政策，强调其子孙和家族成员不能减免的国策。士绅一体当差政策的实施，取消了士绅的某些特权，打击了士绅的嚣张气焰，缓和了民众的对抗心理，对士绅的打击效果最为显著，这是继摊丁入亩改革之后，雍正推行新政的又一项重大改革。

雍正的这一举措无疑侵害了这一特权阶层的利益，所以士绅便刻意诋毁他。雍正的名声不好也和此事有很大关系，因为大部分的话语权和舆论导向都是在掌握在这些士绅手里的。

在大力打击士绅嚣张气焰的基础上，雍正又大刀阔斧地向官吏们长久以来普遍存在的"小金库"大作改革文章了。康熙朝时，地方官征收钱税时，赋税普遍征银。百姓所缴的银子由于纳税量不太多，大多以小块的碎银为主，各州县衙府汇总上缴国库时，要将碎银熔炼成统一重量的银锭，在碎银熔炼过程中就会发生些许损耗，导致最终成银分量不足。打个比喻，十两碎银子熔化后只能铸成九两的银锭，少了一两。原因是碎银子里面的杂质太多，有的是工艺问题，有的则是刻意为之的。

这个损耗就成为一个必须解决的问题。对于熔炼过程发生的损耗，州县官吏一致要求这个损失必须由百姓补足，于是在应缴税银之外，纳税人还要多缴一些，这多缴的部分就叫"火耗"，用来补偿熔炼碎银损耗和运输费用。也就是说，只要百姓纳税，都必须额外多缴一些碎银作为"火耗"。

按照碎银熔炼损耗规律，一般损耗率在百分之一至百分之二左右，而州县官吏却不遵循这个比例，往往大肆多征，每两加耗到二三钱，即附加税达到正税的百分之二十至百分之三十，有时更高。

康熙后期火耗征派量逐年加大，除地方官吏贪得无厌，借火耗之由巧取豪夺外，还与清初官员实行低薪制度，允许地方官吏加征火耗补其不足有关。清初，一般知县年俸仅四十五两，远远不够养家糊口、聘用师爷、贿赂上司、迎来送往的开销，怎么办？除了贪污受贿之外，唯一的办法就是从"名正言顺"的火耗征收上打主意，火耗也就越征越多，自己截留的也就越多。州县官吏对多征的火耗也不敢独吞，他们还要给知府、道员、按察使、布政使、巡抚、总督及其管家、门客送礼，而地方官员则要给中央衙门和大臣个人送礼。火耗的狂征，一方面腐蚀着整个大清的官僚队伍，另一方面，也加重着人民的负担，同时也影响了国家税收的增长。

滥征火耗，侵蚀税收，动摇国本，危害极大。康熙前期曾诏令禁止州县官吏私征火耗，但由于地方官员的反对和抵制，屡禁不止。到后来，康熙也就默许了。

这笔数量不菲的火耗收入是地方办公及官吏们的额外收入，因此官府乐此不疲，每每都多收。此外，征纳运京的米谷，可能会被雀鼠偷食损耗，所以官府也提前多收米谷作为弥补，称为"雀鼠耗"。康熙朝时，

每缴粮食一石，加耗两斗，有的地方加耗甚至四斗。可见，官府的贪婪到了极其无耻的境地。

雍正早在做雍亲王时期，就对此官场恶习大肆批判，认为这是官吏搜刮民脂民膏的一个手段，数次进言希望朝廷革除地方官员对火耗的征收，可惜未能如愿。即位之后，雍正就开始着手除掉此项恶疾。他不允许这样的事情存在，希望找到合适的方法彻底杜绝之。

山西布政使高成龄上奏雍正，详言山西火耗征缴试点做法以及火耗归公之利，请求皇帝谕令各省将所得火耗银统计数目，先行奏明，使朝廷明了，年终再发给各官养廉，支应公费、留补亏空等，数目具细上奏，杜绝官员窃占挪用、中饱私囊。雍正对高成龄的奏议十分重视，在广泛征求大臣们意见的基础上，雍正指出：历来火耗皆州县征收时加派横征侵蚀国税不下几百万。原因是除正常熔炼亏空外，大多分送上司，种种馈送，名目繁多。州县肆意贪污，上司曲为容忍，这种积弊应当清除。他采纳了高成龄的建议："与其州县存火耗以养上司，何如上司拨火耗以养州县？"

于是，雍正果断决定：各省将所征火耗提解归公，另外发放养廉银作为官员的财政补贴。消息传出，官吏们为之一振，雍正继位后，许多官吏都不敢再贪污，可是经济压力毕竟是真实存在的，他们的日子过得很清贫。如今有了养廉银，就可以放开拳脚大干了，不用再顾虑重重，缩手缩脚。

雍正革除时弊，大力推行火耗归公和养廉银制度，其宗旨有四：第一，公开声明"州县火耗原非应有之项"，之所以继续收取，是出于补助地方政府办公费用不足和发放官员养廉银的需要；第二，各省委托所属州县按照规定的火耗率组织征收，收取的火耗全额上缴国库，再由朝廷下拨，以补助地方公务开支及发放养廉银，同时规定地方必须接受朝廷的检查和监督；第三，各省可根据情况灵活掌握火耗征收，但必须在朝廷规定比例内，只能降低，不能提高，擅自提高者，严加惩处；第四，发放养廉银后，如地方官吏还私下加派，掠夺百姓，贪污受贿，应严厉惩处。此后，雍正在全国各省轰轰烈烈实行火耗归公和养廉银的改

革，这项被他称之为"万世不易之法"的改革所到之处，百姓和官吏无不拍手称快。

雍正一举革除了地方官吏们的这个"小金库"。他乾纲独断，以严厉的法令规定：将"火耗"等附加费变为法定税款、固定税额，由督抚统一管理，所得税款，除办公费用外，作为养廉银，大幅度提高官吏们的俸入。这样，既减轻了人民负担，又打击了地方官吏的任意摊派行为，保证了廉政建设顺利推行。故雍正说："自行此法以来，吏治稍得澄清，闾阎咸免扰累。"雍正实行火耗归公及其补助地方行政开支，发放养廉银等一系列制度，其做法具体、效果明显。

火耗归公制度的改革，很快收到了明显的成效：一是加强了中央集权，削弱了地方财权，一向由地方支配的火耗收入转为中央集中控制和管理，增加了地方政府对中央的依赖程度；二是遏制了地方官吏私自滥征加派的歪风，澄清了吏治。火耗归公后，中央对各省征收火耗银由过去的暗收改为明收，并规定征收率，百姓监督官吏，并可以随时举报，大大遏制了地方官吏滥征加派之风。同时，中央拨补地方行政开支，发放地方官吏养廉银两，促使地方官吏大大减少了腐败行为；三是减轻了百姓负担。火耗归公后，各省火耗率一般固定在百分之十至百分之十五左右，百姓负担大减；四是大幅增加了中央财政收入，国库里的库银渐渐堆积成山，雍正朝的财力傲视其父康熙时代。

第九章　铁血治国

在雍正即位后几个月间，他改革大举不断，新政连续出台，不仅惩治了贪官，还俘虏了全国文人的心，也改善了老百姓的实际生活状况。"好皇帝"的说法流传更广了，民间处处都是歌颂雍正皇帝的童谣。对于雍正皇权的逐渐巩固，最不满的还是以胤禩为首的那几个阿哥以及一些王公贵族。他们极力阻挠和破坏雍正的改革大业，明里暗里和雍正做对。

雍正元年三月，蒙古活佛哲卜尊丹巴到京师拜谒康熙的灵堂，不久却染病而死。为了表示对蒙古部落的敬意，雍正命十阿哥允䄉亲自前往蒙古送其灵盒、印册等赐奠。

这本来是一个光荣的任务，也是一个表现忠心的机会，可是允䄉偏偏要搞点叛逆，他先是不肯离京，说因为还亏欠银子，家里已经没钱了，无力准备马匹行李。

"既然要作死，朕就看着你怎么作？"雍正赐给他足够的盘缠，令他出发。可是，允䄉走到张家口外又不肯再走，一停就是两天。雍正知道允禩和允䄉关系很好，命对其督促前行。允禩却坐山观虎斗，说自己劝不了他，没办法。

"嗯！可以了，该做的都做到位了，可以收尾了。"雍正派人训斥允䄉，随即断然将允䄉革去爵位，调回京师，永远监禁，查抄家产，昭示天下。这一次，雍正杀鸡给猴看，让那些人看看不听皇帝命令就是如此下场。十阿哥被监禁，允禩等人丝毫不收敛，反而借机大做文章。允禟依仗自己财力雄厚，处处用钱开路，结党营私，完全不在乎

雍正怎么想。

不久，雍正就对闹得最欢的九阿哥允禟加以了整治。允禟生母宜妃的太监张其用违禁做买卖，被发往土儿鲁耕种。允禟的多个太监也被发往云南边疆当苦役以及给人为奴。为允禟料理家务的礼科给事中秦道然，雍正也以其仗势作恶、巨额家产来历不明为由而加以逮捕监禁。

雍正对允禟本人也没有放过，以前线需要用人为名，命允禟前往西宁前线督军，实际上却是交给年羹尧监管。允禟故意拖延行程，一路上游山玩水，好不风光。雍正即强迫命令他加快速度，并增派十名大内侍卫督促其疾行。允禟被十个侍卫督促着前行，风尘仆仆赶到了青海。气还没喘匀，年羹尧就派人将他安置在一个小村上，又将小村的居民全部迁出，并加派官兵在村外监视，实际上是将他监禁起来。在这穷乡僻壤的地方，允禟还不甘寂寞。他派人外出购买上等草料，买各类书籍、美食等。年羹尧也不拦着，只是每天都参奏他违抗军法。允禟知道再这样下去，雍正肯定会对自己采取手段，便给年羹尧送上五万两的银票。年羹尧见钱眼开，对允禟睁一只眼闭一只眼，允禟这才有了部分自由，可以出去转转。

雍正用软硬兼施的手段对付允禩党羽，把他们分散到各地，继而采取分化瓦解、有拉有打、各个击破的策略。允禩一党的力量日见没落。就在雍正雷厉风行，大力打击八阿哥党之时，京城突然爆发了考题泄密大案。

雍正元年四月，数千经过层层选拔的考生云集京城，参加会试。可是就在考试开始之前，大街上竟然可以买到考试的题目。开始价格昂贵，几千两银子，临考前只要百两银子就卖。有些先买试题的考生就认为被骗了，花了冤枉钱。没买的则幸灾乐祸，大肆嘲笑那些"花冤大头钱"的考生。

但考试一开始，考生就炸窝了，原来试题果然就是大街上到处兜售的题目。那些已经买了试题的考生欣喜若狂，将早已准备好的文章默写下来，洋洋洒洒，无比轻松。没买试题的考生怒了，他们撕毁卷纸，大闹考场。众人汇集在考场外，要求朝廷给个说法。这让雍正的首场恩科

顿时陷入声名狼藉之中，一时间全国的文人无不义愤填膺，愤怒声讨，雍正暴怒。

此事还在热沸中，山西又查出巨额亏空案，二十年来有近四百万两白银挂在账上，不知道都进了谁的腰包。雍正立刻命令允祥紧急进宫。允祥向雍正建议派李卫赴山西查案，派图里琛查科场舞弊案，而且严令两人查不明白案子就以死谢罪！李卫和图里琛都深知官场的黑暗，也精于其中的套路。接到了旨意，两个人凑在一起研究了半天，决定微服私访，暗中调查，查出幕后真凶。

国事艰难，家事也不顺心，因为大闹灵堂，雍正一直命令允禵在府中反省，而且爵位还降了许多。成了"德太妃"的乌雅氏一直很生气，好几次让雍正恢复十四阿哥的爵位，重新带兵，雍正都拒绝了。雍正对德太妃保持着些许距离，虽然这是亲娘，可是他从来没有在她那里感受到任何温暖，反而处处遭受德太妃的无理指责和蛮横的要求。

这个世界上确实有一些这样的母亲，对自己的孩子没有丝毫情感，只知道利用，一旦孩子失去了利用的价值，在她们的眼里就变得一文不值。德太妃自小看着允禵长大，付出了全部的心血和母爱，而雍正对她来说，那是恶妇佟佳氏的儿子，早已和自己不是一条心了。她本以为允禵可以做皇上，心里早就有了做太后的美好蓝图，可是现在一切都落空了。

德太妃每天都拿出她的撒手锏，寻死觅活，说自己不愿接受"天子以四海奉养圣母一人"的威福，要以死相殉，随大行皇帝康熙而去。这实在是太不给雍正面子了。

异常憋闷的雍正对允祥说："皇父驾崩之时，母后哀痛欲绝，决心随皇父殉葬，不饮不食。朕叩头痛哭，上奏母后说：'皇考以大事托付给我，今母亲执意以死相殉，那儿臣更有何依赖？将何以对天下臣民？那我也只好以身相从了。'经再三哀求，母后才放弃寻死的念头，勉强进食。自此后，朕每晚都要亲自到永和宫详细询问值班太监，得知母后一夜安睡后，才放心回到守灵的地方。"

德太妃当时的做法不仅绝情，简直就是添乱。雍正也是被她逼得没

有办法，如果她真的自杀或者受伤了，这个皇帝也无法做安稳了。允祥等阿哥们也都多次相劝，德太妃闹了半天，见还是这个结果，也只好妥协，放弃了自杀的念头。这对母子的关系也未免滑稽。确实，有些父母孩子多，他们会特别溺爱某一个孩子，十四阿哥就属于德太妃溺爱的孩子，而雍正就是她不得意的孩子。

胤禛正式登基那天，德太妃也曾弄出不和谐之音。按照惯例，皇帝登基前，应先到皇太后处行礼，礼部官员按照胤禛的旨意，提前一天将登基程序启奏德太妃，她却说："皇帝诞膺大位，理应受贺。与我行礼，有何紧要，概免行礼！"她的意思，似乎是肚子里有气，说自己与新皇帝胤禛登基没有关系，不肯接受行礼。这弄得胤禛精心准备的登基大典差点泡汤，实在是大煞风景。

按照惯例，雍正得给德太妃上皇太后的尊号。当时，内阁翰林院也已将"仁寿"的尊号拟好，皇太后的表文金册等证明文件和仪仗程序的各项准备事宜也都弄好了。钦天监也挑了个黄道吉日，万事俱备，只欠东风。偏偏这个乌雅氏以"此时梓宫大事，正在举行，凄切衰衷，何暇他及"为借口，既不接受皇太后的尊号，也不肯从居住多年的永和宫搬出（太后级别的都要住宁寿宫）。

雍正知道德太妃的脾气的确不好对付。于是，他便派礼部、内务府总管等官员一起去劝说德太妃受礼。但德太妃也真是执拗得可以，这么多人劝她都不听，"览过仍不受"。雍正被弄得焦头烂额，万般无奈之下，只得自己亲自出马，再三恳求，德太妃这才不情不愿地说："诸大臣等既援引先帝所行大礼恳切求情，我亦无可如何。"好一个"无可奈何"！听她的意思，好像是看在先帝的先例份上才答应群臣的请求。这词用的，绝了。

雍正被德太妃弄得头皮发麻，本来他当上皇帝后就被八阿哥等人到处造谣，得位不正的说辞在民间流传得很广，所以他必须在这种仪式上要做得循规蹈矩，尽量完美，免得天下人说他的闲话。谁料得生母德太妃却和他处处不配合，这真是让雍正这个做儿子的心里憋气，他才是无可奈何。没办法，雍正只好硬着头皮，亲自去"诚敬谆切，叩请再三"。

但这次，她却死活不听，她再次来了个"知道了"。

德太妃的"知道了"，不过是缓兵之计，用这词勉强搪塞过去，实际上就是不愿意受封号，也不想搬到皇太后该住的宁寿宫去。牛不喝水强按头，德太妃就这倔脾气。她是皇帝的生母，雍正能拿她怎么办？

没多久，又到了雍正改年号后德太妃的第一个生日。按理，这皇太后的生日得有个仪式，以表示皇帝孝敬母亲，以"仁孝治天下"。礼部官员也拟安排雍正带领各王公大臣、文武百官集体去给皇太后庆寿，不料她还是不给面子，"奉懿旨，免行礼。"雍正本想利用这个机会改善和生母的关系，让母亲接受封号，并移居宁寿宫，但她似乎早有所料，未及雍正开口便将之拒于门外。

德太妃这些举动，似乎是太不近人情了。她本该是幸福的，两个儿子都有出息，其中必有一个做皇上，但问题偏就出在她认为该做皇上的却没做上，而她又偏爱这个落败的孩子。允禵是她最小的儿子，父母疼爱小儿子，甚至对小儿子偏心，似乎也是人之常情。

允禵从西北回来后，雍正便将他的王爵革去，只保留了最初的贝子身份。做母亲的看着两个孩子，一个天下一个地下，做哥哥的如此露骨地"欺负"弟弟，心里怎能不伤心难过？偏偏这三人还都一个脾气，就是死不认输，谁也不肯妥协，结果矛盾越来越深。雍正越打击允禵，德太妃便越不配合雍正的皇帝之威，两人几乎陷于冷战状态。

也有人猜疑说，德太妃本就偏爱小儿子，而且康熙晚年时，小儿子的呼声很高，但最终的结果却是皇位被大儿子夺去，她的失望可想而知。

德太妃每天都这样折腾无数次，雍正被折磨得筋疲力尽。越是这样，他就越不能放允禵回西北，尽管西北战局已经危如累卵，年羹尧在那边正在寻找战机。不久前，准噶尔部和青海的罗卜藏丹津秘密地勾结起来叛乱。罗卜藏丹津辞去了朝廷封他的亲王爵位，自立为汗，兵出青海，四处作乱。年羹尧一直催要援兵和军粮，希望尽快与叛军决一死战，以缓解雍正扣留允禵在京的压力。

雍正在给年羹尧的折子上说，"眼下要开战，开仗就要有粮，就要

增捐加赋。这捐赋要靠各地官员来收，粮饷要靠各省督抚去办。唉，难哪！朕知道，如今的朝堂里，有不少人在盼望着皇室大乱，最好再打个大败仗，打得全国一片大乱，百姓衣食无依才好。皇族闹得越大、越乱，才越称了他们的心。可是，朕不上当，绝不上这个当！朕要稳住前线，稳住朝局，一定得把全国治理好，治理成太平盛世。

为了杀鸡儆猴，雍正亲自勾决了恩科舞弊案的十九名首犯。他觉得只是杀几个贪官还不能慑服人心，非要把文武百官都撵到法场，让他们也都陪陪法场，震慑一下不可。他命令在京四品以上的官员都必须到场观看，血腥的场面让这些官员三天都吃不下饭。

雍正元年（1723 年）四月末，康熙梓宫运往河北遵化景陵安葬，雍正谕令允禵留驻景陵附近的汤泉守陵，不许他返回京师，并命马兰关总兵范时绎监视他的行动。

德太妃见自己的小儿子被圈禁在陵寝，十分不安，她硬是蛮横地逼着雍正迎合自己，让他给允禵官复原职。她的做法不仅没能奏效，反而激怒了雍正，让他更加憎恨允禵。兄弟俩的不睦和冲突，使处于极度愤怒中的德太妃忽然病情加重。

同年五月二十二日，一直和雍正不睦的德太妃忽然崩逝于永和宫，寿六十四岁。究其原因，一个是悲伤过度，再就是气性太大，她每天都和雍正过不去，气得自己面红耳赤，血压急升，最终脑溢血而亡。

雍正本为德太妃拟定尊号为"仁寿皇太后"，但她没等上尊号，就去世了。雍正在慰"我皇妣皇太后之心"的幌子下，让允禵前来拜祭，这本是哥俩修好的难得机会，但允禵"并无感恩之意，反有愤怒之色"。雍正不和他计较，大丧期间，处处忍让。

皇太后梓宫奉安于宁寿宫。时年四十五岁的雍正帝，每日亲赴母后梓宫前上食品三次，哀号不止，群臣莫不感泣。最后，雍正又加谥号"孝恭宣惠温肃定裕赞天承圣仁皇后"，将其与康熙合葬景陵，升太庙。

为了给她祈福，为了弥补自己对德太妃的亏欠，也为了彻底释放民间百姓的生产力，雍正进行了一次人权方面的重大改革，那就是销除贱民籍。他希望通过解放贱民的方法，为皇额娘带去祝福，让她在另一个

世界里受人尊敬。

贱民在宋朝或者更早的时候就已经形成，当时清朝存在历史遗留的"贱民"，包括乐户、堕民、伴当、世仆、蜑户等。他们从事卑贱职业，不许参加科举考试，不许同外面人通婚，不许购置土地产业，不许改变世袭身份，是一群永无翻身之日的可怜人。

一说乐籍。乐籍是明朱棣起兵时，山、陕不肯附顺百姓的子女，编为乐籍，也称乐户，世世子孙，娶妇生女，被逼为娼，地方豪绅，凡有呼召，不敢不来，喝酒淫乐，百般贱辱。监察御史上奏折，请销除乐籍。雍正朱批："此奏甚善，该部议奏。"经礼部议覆，命销除乐籍，准其为良民。

二说堕民。浙江绍兴等地，有宋朝将领焦光瓒部众因叛宋被斥为堕民，后裔子孙，身份不变。男人穿的衣服、戴的帽子，妇女穿的裙子等，都不能同常人一样。他们以捕龟、捉蛙、逐鬼、演戏、抬轿等为业。这些人"丑秽不堪，辱贱已极"。废除乐籍三个月后，两浙的御史也上奏折，请求废除绍兴地方堕民丐籍，但礼部议驳。雍正帝认为给堕民丐户销籍，"此亦系好事"，命"将原本发回，著再议具奏"，随后就批准执行。

三说伴当。安徽省徽州府（今黄山市）有"伴当"，宁国府（今宣城）有"世仆"。经安徽巡抚魏廷珍调查，对年代久远，没有文契，或已赎身的伴当等，命将其身份改为良民。

四说丐户。江苏常熟等的丐户、闽赣的棚户等，也都被视为贱籍。雍正都下谕准许他们列入编户，恢复为良民。

五说蜑户。主要在广东等地方，《岭外代答》记载："以舟为室，视水为陆，浮生江海者，蜑也。"他们被视为贱民，不许登岸居住。雍正指出，蜑户本属良民，不可轻贱摒弃，而且蜑户输纳渔课，与普通民众一体，不得使之飘荡不宁。因此，雍正令广东督抚通行晓谕，凡无力之蜑户，听其在船自便，不必强令登岸。如有力能建造房屋及搭棚栖身者，准其在近水村庄居住，与普通民众一同编列甲户，不得借端欺凌驱逐，并令有司劝谕蜑户，开垦荒地，播种耕田，共为务本之人。

雍正把乐籍、堕民、伴当、丐户、蜑户等,看做良民。这说明雍正关怀社会弱势群体,有生民平等的观念。

当时,贱民主要是土豪劣绅控制与践踏的对象,雍正革除贱民贱籍,损害了那些欺压他们的不法豪绅的利益,他们中有人暗中阻挠,也有人公然反抗。雍正废除贱籍,不仅让贱民感恩戴德,也借以抑制乡绅豪强势力。雍正还考虑到贱民因备受欺凌,有不满情绪,易引发社会问题,而不编保甲的贱民又不便稽查,让他们成为编齐良民,也利于社会治安。雍正希望他们自由之后,能够为"孝恭宣惠温肃定裕赞天承圣仁皇后焚香祈福",让她早日解脱,前往极乐世界。

不难看出,即位后的雍正对他的额娘还是很孝顺的,也十分有政治气魄,敢于革除旧弊,使政治趋于清明。民间百姓对雍正的爱戴之心越来越多,尤其是这些被解放贱籍者经常焚香祷告,求上天保佑皇上万寿无疆,保佑孝恭仁皇太后早日解脱。

不过,八阿哥一党借乌雅氏的死亡,添油加醋地向外传播谣言:孝恭仁皇后因看不惯雍正篡位,最后被雍正"逼死"。民间百姓不知所以,便以讹传讹。当雍正听闻这些民间议论后,当场气得吐血,真是有苦说不出。

雍正决定不再对允禩妥协,全面应战。他命令大臣们对允禩等人的行为据实揭发,不许隐讳,从而展开了凌厉的攻势。不久,苏努、勒什享父子因为包庇允禟、允禩,"扰乱国家之心毫无悛改",被雍正革去苏努贝勒,撤去宫中佐领,与诸子发往右卫居住。

随后,雍正又公布《御制朋党论》一文,向朋党势力展开了猛烈的进攻。

雍正对他的众位阿哥和臣民说:"朕今御制《朋党论》一篇颁示,尔等须洗心涤虑,详玩熟体。如自信素不预朋党者,则当益加勉励,如或不能自保,则当痛改前非。"

内廷焦头烂额,边疆也不轻松,西北叛乱大军肆虐,年羹尧一直在要钱要粮。两份从西北递上来的奏折让雍正皱起了眉头,一份是年羹尧上的,另一份则是雍正安插在年羹尧身边的"粘杆拜唐"上的密折。

需要特别说明的是，雍正组建的这个"粘杆处"已经不是允祥为他建立的那个"粘杆处"了。雍正即位后，为了避嫌，允祥主动将自己创办的"粘杆处"解散了。雍正有感于"粘杆处"做事的便利性，命内务府重新搭建了这一特务机构。

年羹尧的折子是为三个已被抄了家的官员上书，替他们说话，写来保举密折，请求起复他们原来的官职；"粘杆拜唐"上的折子上则说三个被罢官的官员，家里居然还有很多存钱，他们拿出了十万两银子，交给了年羹尧协调关系。

早闻年羹尧贪财，果不其然，西北战事正紧，竟然还不忘收受钱财，雍正非常气愤。可是，大战当前，不可以轻易换帅，雍正犹豫许久，还是选择继续任用年羹尧。但是雍正拒绝了年羹尧的请求，将他的折子直接发还给他。年羹尧很聪明，他立即又上奏折，说自己不该为贪官说情，请求皇上责罚。

知错能改，善莫大焉！雍正很满意年羹尧的态度，命他抓紧时间作战，早立大功。

时间很快，转眼又是三个月过去了，雍正元年秋，年羹尧一面指挥当地清军在西宁外围与叛军作战，一面加紧进行平叛部署：奏请授前锋统领索丹、四川提督岳钟琪为参赞大臣；征调川陕汉、土官兵；令云南提督郝玉麟、察木多总兵周瑛、副都统黑色、副将张成龙等率兵驻扎察木多（今西藏昌都）、黄胜关、巴塘、理塘等处，以截断叛军入藏之路；令靖逆将军富宁安派兵驻防吐鲁番、噶斯等地，以防叛军与准噶尔勾结；增加甘州、永昌、布隆吉尔（今甘肃安西布隆吉乡）等地的防守兵力，以防叛军内犯。

年羹尧布置就绪后，下令进攻西宁周边的镇南、申中、南川、西川和北川归德等地。这些地方的叛军也未经过什么正式军事训练，可以说是乌合之众，因而在清军的大反攻下一击而溃。清军先声夺人，断了罗卜藏丹津的羽翼，罗卜藏丹津这时方从美梦之中醒过来，感到了恐惧，暗悔当初莽撞，请求罢兵。雍正谕令年羹尧，表示坚持武力平叛，不许叛逆请和。

十二月，蒙古原持观望态度的诸贝勒、贝子、公、台吉等率胁从叛众十余万投降清朝。雍正二年（1724年）正月，岳钟琪又先后派兵平定了郭隆寺、郭莽寺、石门寺、奇嘉寺等寺的叛乱，其中尤以攻打郭隆寺一役最为激烈。

此时，只剩下罗卜藏丹津尚负隅顽抗。年羹尧与诸将商议进军方略，拟调兵二万余，由西宁、松潘、甘州、布隆吉河四面会攻。岳钟琪认为青海地区广阔，敌军尚不下十万，若我军深入，敌分散诱我，击此失彼，反而会四面受敌，不如乘春草未生，以精兵五千，直捣敌巢。雍正考虑再三，认为岳钟琪的方案可行，遂诏专任岳钟琪，命他进军。

二月初八日，岳钟琪率军进击，追奔一昼夜，抵达敌巢。敌人尚在睡梦中，仓皇惊起败逃。罗卜藏丹津率军逃往准噶尔。岳钟琪率兵穷追不舍，每天行程三百里，至桑洛海，路尽而还，俘获罗卜藏丹津母亲和妹妹，及阿拉克诺木齐、阿尔布坦温布和藏巴札布等叛乱头目。战斗自初八日开始到二十二日结束，历时十五天，斩敌八万，降众数万，获驼、马、牛、羊、器械、甲仗等不计其数，大获全胜。罗卜藏丹津衣着女装，带着数十人逃亡，再也没有威胁了。雍正把这次战役的胜利，视作"十年以来从未所立的奇功"。

雍正早就在盼着年羹尧凯旋了，甚至可以说，从十四爷被褫夺了军权之后，他就在盼着这一天了。他的这种心情，是两方面的原因造成的。其一，年羹尧是他的妹夫，更是他的家奴，是雍正亲手把他从一个包衣奴才，一步步地提拔成大将，提拔成威镇边关的统帅的。在这件事情上，说年羹尧是皇上嫡系中的嫡系，一点也不过分；其二，在雍正的心目中，年羹尧是唯一的可以替代十四爷带兵的人。年羹尧的胜败可以说是至关重要的。不仅巩固了雍正的皇权，还震慑了那些想要闹事的八旗贵族。

但雍正的心里也十分清楚，年羹尧既然是他手中的一块石头，那么它既可能击中敌人，也有可能会砸了自己的脚！随着年羹尧官职的升迁，权力的增大，他明显地暴露出来骄横和傲慢，对自己阳奉阴违，特别是他多年来与八爷党那藕断丝连的关系，都让雍正皇上十分担心。雍正对此也采取了一些对策，诸如，派特务不断渗入年羹尧的军队中，目

的就是要看看年羹尧究竟是个什么样的人。他是忠于朝廷，还是另有打算？此外，雍正还充分利用自己遍布各处的情报网，为他提供正反两方面的信息，以便在适当的时候，对年羹尧采取必要的措施。

现在，是褒奖年羹尧，打击允禵声望的最佳时机。张廷玉很能体会皇上的心意，他马上就说："皇上，臣以为今夜就要印出单页《邸报》来，全文刊登年羹尧上的这份奏折。还要让兵部广为张贴，一定要家喻户晓，人人皆知。"

雍正一听这话，高兴地笑了："就是这样，朕还要为年羹尧的奏折加上朱批。"说完，他走向案头，提起笔来，沾上朱砂，就文不加点的写了出来：西宁兵捷奏悉。壮业伟功，承赖圣祖在天之灵，自尔以下以至兵将，凡实心用命效力者，皆朕之恩人也。朕实在不知怎么疼你，方才能够上对天地神明也。尔用心爱我之处，朕皆都体会得到。我二人堪称古往今来君臣遇合之榜样，也足可令后世钦慕流涎矣！"

雍正写好后，递给张廷玉说："来，你再看看，如果没有什么，就赶快发出去吧。"

张廷玉接过来一看，傻眼了。怎么了？皇上的这个批语，有点不伦不类且不去说，可写得也太肉麻了。皇上的用心，无非是要用西宁大捷，来稳定朝局，安抚民心。但这是皇上对臣下的批语啊，哪能说出什么"不知怎么疼你""古往今来君臣遇合之榜样"，甚至"自尔以下……皆是朕的恩人"这样的话呢？

张廷玉实在忍不住了："万岁，三纲之内，君为首。这是千古名言，不可不注意，更不能乱了纲常。这个朱批，如果是用密折的办法，单发给年羹尧一人，尚不为过。但这是要随《邸报》一起发往全国的啊！批语中之'恩人'云云，臣以为断断不可！边将立功，圣上传令嘉奖，于情于理，谁都不能说什么。但皇上这样说法，似乎是太夸张了一些。"

雍正此刻心里想的，是不做则已，要做就把事情做绝。就如现在的这份朱批，几乎是每句话都无以复加了。其实在雍正心里，早就不满意年羹尧了，也早就在计较他和老八、老九他们来往的事了。现在把话说透，说绝，就为以后除掉年羹尧做了最好的铺垫。

雍正告诉张廷玉照发原文。没几天，这份《邸报》就发行全国，所有的人都被雍正对年羹尧的评语惊呆了，觉得不可思议。

雍正二年三月初一日，年羹尧军队凯旋。四月十二日，雍正命举行献俘仪式，祭告太庙、社稷、康熙景陵。并晋升年羹尧为一等公，岳钟琪为三等公，勒碑太学。还给年羹尧一子爵，由其子年斌承袭，其父年遐龄如年羹尧爵，加太傅衔。

平定罗卜藏丹津叛乱的战争，从雍正元年十月清军出塞算起，只有短短四五个月时间，如果从岳钟琪率军于二月初八日出日月山到二十二日罗卜藏丹津逃离柴达木，则"仅旬有五日，成功之速，为史册所未有"。究其原因，除了平叛战争是维护和巩固国家统一的正义战争，得到各族人民的拥护和支持外，还在于战争指导的正确。第一，罗卜藏丹津叛乱之初，雍正帝先"遣人劝阻，令其和好"，同时指示川陕总督年羹尧，"军务宜预先筹度"，做好武装平叛的准备。这样，当罗卜藏丹津拒绝清政府调解，坚持叛乱时，清军出兵平叛，既争取了人心，又不失战机。第二，年羹尧正确筹划，多方准备，切断了罗卜藏丹津与外部的联系，把叛乱限制在青海一地；第三，岳钟琪知己知彼，指挥有方，在认真分析双方情况的基础上，制定出正确的作战方案，做到了进兵神速，出敌不意，故能以少胜多。

平定罗卜藏丹津叛乱的战役打得很是辛苦，他们依仗熟悉当地地理，神出鬼没，但是由于官兵骁勇善战，加上雍正的运筹帷幄，充分放权给前线指挥官，最终取得了胜利，加强了对青海的统治，维护了统一，加强了对中国西部地区的管理。

青海大捷，让雍正有了面子，也有了底气，那些等着看他笑话的臣子们都暂时闭上了嘴。他们原本以为雍正没什么本事，可是短短的几个月时间，大清朝发生了天翻地覆的巨变，雍正改革硕果累累，四海升平，国内矛盾缓和下来，老百姓也安居乐业了。虽然有一大批贪官被制裁了，不仅没有影响到国家和地方事务的运转，反而更高效了，新上任的官吏一个个精神抖擞，对雍正死心塌地效忠。雍正的皇位终于坐稳了，环顾天下，可以掀起惊涛骇浪的人已经没有了，剩下的人也只能发发牢骚罢了。

康熙晚年众皇子为争夺皇位激烈斗争，使其无力整饬朝政。社会虽然表面繁荣，但内里矛盾已经爆发出来。吏治败坏到惊人的地步，土地集中到少数人手中，国库空虚，赈灾无钱，打仗无饷，西部用兵半途而废，这种政治颓势是雍正扭转的。雍正四十五岁登基，在这之前有多年的办差经历，又有在皇权的明争暗斗中培养起来的政治经验。由于他深知康熙一朝的社会矛盾，又对民间现实有深入了解，即位后，果断清除朋党，不拘一格启用有一定长处的人才，清理中央和各省财政亏空，抄贪官的家，不许贪官家属享受赃银。他积极调整实行满汉一家、民族融合政策，发力稳固边疆。雍正大力实行社会改革，对社会发展起了积极作用。通过深层次的改革，通过强有力的手段，雍正实现了大清质的飞跃，从中央到地方无不焕发出勃勃生机。

雍正当上皇帝之后五六年时间里取得的功绩就足以藐视历代帝王。

铁血帝王：雍正

第十章　用人唯贤

即位六年来，雍正一如既往地勤于政务。他每天只睡四个小时，剩余的时间都在看奏折，批阅奏折，升堂议事，召见重臣商讨国家大事，指挥边疆的军事斗争，可以说没有片刻闲暇。

综合中国历史，甚至世界历史，像雍正这样勤政的帝王唯有他一人，从他朱批奏折就可管中窥豹，略知一二。雍正在位期间共处置各种题本十九万二千余件，平均每年达一万四千七百件，亲自朱批四万一千六百多件奏折，有的批语竟一千多字，比奏折本身内容还要多。他仅在奏折中所写下的批语字数就达一千多万字。他几乎每天都劳作到午夜之后才睡觉。一年中只有在他生日那天才休息，可谓日理万机。他曾说："各省文武官员之奏折，一日之间，尝至二三十件，多或至五六十件不等，皆朕亲自览阅批发，从无留滞，无一人赞襄于左右。"

从历史资料看，雍正现存朱批奏折就达三万五千多件，其总字数以雍正执政十三年相除，平均每天是八千多字！即使用上电脑的今天，有多少人能做到在十三年中平均每天写八千多字？更何况一个日理万机的国家首脑？

更难得的是，作为一国之君，雍正对自己不很了解难以决断的事情往往坦率地承认，而不轻下结论草率颁旨。有一次，雍正收到一件有关料理台湾事务的奏折，他看后认为"其中多有可取之处"，但他并没有立即下令推行，而是十分慎重地批示：朕不知地方情形，不敢轻易颁旨。雍正把这件奏折转给福建总督满保，让他与提督、总兵等经办台湾事务的官员共同商讨，选择其中可行的去办。

雍正曾多次颁发谕旨，要求身边大臣看见"朕的过错"直接指出，"使朕有则改之，无则加勉"。雍正即位的第一年，就命令朝中文武大臣每人写一份奏折，专门给皇上挑错，并交代说：挑的错哪怕是不太合适，朕也不会怪罪，但若是瞻前顾后用一些空话来搪塞，却是万万不可的。有一个叫周英的人，雍正派他到西藏去统领军队，后来发现周英这个人能力不行，办事浮躁，地方官员反映也不好。雍正很坦率地对身边大臣说：派周英到西藏，属于用人不当，这是我用人上的错误。雍正的难能可贵之处，不仅在于他相信自己可能犯错误，尤其在于一旦发现错误，他能够公开承认并立即加以改正。这种气度和胸怀在帝王中古今罕见。

雍正在治理国家方面的的确确是一个务实的君主。他的务实，不仅在清朝十二帝中，就是在古代中国的二百多位皇帝中也是相当突出的。清史学者孟森说："自古勤政之君，未有及世宗者。""其英明勤奋，实为人所难及。"雍正求真务实的工作作风对惩治腐败弊症、振作朝纲、整顿吏治是一剂切中要害的良药，在一定程度上革除了康熙后期遗留下来的弊端，缓和了社会矛盾，推动了清王朝的发展。随便找几个雍正批阅的奏折，就可以看到他务实的工作作风和精彩绝伦的妙言妙语。

雍正批阅道："朕就是这样汉子！就是这样秉性！就是这样皇帝！尔等大臣若不负朕，朕再不负尔等也。勉之！"

雍正一生以务实精神治天下。做事要求实际而不应该有虚念，这是雍正的再三要求。他刚一即位，便针对腐败衰颓之风进行了坚决地惩治与清肃。他直截了当地告诉文武百官："朕平生最憎虚诈二字""最恶虚名"。一憎一恶，鲜明地表达了他对虚伪、欺诈等腐败风气的批判态度。

虚假不实的奏报在封建官场上比比皆是。因为有那么一批所谓巧于仕宦的官员，往往能通过弄虚作假、吹拍弹唱、阿谀奉承而获得那些好大喜功的君王的赏识，并从中捞到好处。然而，这一套在以务实精神治天下兴邦国的雍正那里，却是行不通的。在清代，官场上曾流行着这样一种陋习，文武百官刚刚到任时，几乎都是极力地述说当地的吏治民生如何糟，等过了几个月，就一定奏报说，通过雷厉风行的整顿，情况已

经如何好转，以此显示自己的才干和政绩。对这类奏报，雍正毫不客气地指出："只可信一半"。

雍正批奏折，从不用套话，非常个性。对臣工奏折中肉麻的称颂和不着边际的套话，雍正十分反感，他说"此等迎合之举皆不必"。

对于大臣奏折中的浮夸成分，雍正帝总是毫不客气地明确指出，并进行尖锐批评。雍正二年（1724年），河南巡抚石文焯奏报说，全省各州县的蝗虫灾害已扑灭十之八九。雍正帝通过查问河南的其他官员，察觉到石文焯的奏报不是实情，于是尖锐地批评石文焯说：如果不是你在欺骗朕，就是你本人被下属欺骗了！可是，这个石文焯不知悔改，他调任甘肃巡抚之后，依旧故伎重演。雍正四年（1726年）夏天，甘肃大旱，七月下了一场小雨，石文焯赶紧奏报说：已是丰收在望，这都是皇上敬天爱民的结果。雍正看了很不耐烦，挥笔批道："经此一旱，何得可望丰收？似此粉饰之言，朕实厌观。"雍正四年（1726年）七月，巡视台湾的监察御史索琳上折说：台湾地方官兵严加操练，精益求精，可保海疆万载升平。看了这一言过其实的奏报，雍正帝警告说：凡事最重要的是务实，不欺不隐才算良吏，"粉饰、迎合、颂赞、套文陋习，万不可法"。

奏折本是君臣之间沟通情况、上传下达的工具。清朝文武大员的奏折，都是派专人送到京城，直接送到皇宫大门。因此这是非常需要人力、物力与财力支持的。一个官员一年究竟应该奏报几次合适呢？雍正在给宁夏道员鄂昌的一条朱批中曾这样明确指示：遇有应该呈报的事情，就是在一个月内上奏几次也是应该的；如果没有什么可奏报的，哪怕是几年没有折子送来，朕也不会怪罪你的。他反复强调："只务实行，不在章奏。"有的官员无事找事，频繁上奏，用意是与皇上联络感情，向皇上讨好，雍正对这种怀有投机心理的官员常常予以斥责。

作为一个务实的皇帝，雍正常常训导臣工要灵活用谕，因时因事贯彻朝廷旨令，而不可一味迎合、生搬硬套。他强调处理政务一定要"因地制宜，化裁取当"。雍正甚至要求内外大吏，不要因钦发谕旨而影响了自己的主见，这点他在给湖北巡抚马会伯的一件朱谕上说得十分明

白：朕凡所谕，皆因人因事，权宜而发，有合于彼而不合于此，有可行于此而不可行于彼者。因此，他要求"臣工不可随朕一时谕他人之谕，来惑自己主见"。雍正早就发现，有些地方官员没有主见，凡事都要请皇上指示一番，自己不拿主意，只看皇上的脸色说话，听皇上的口气行事，没有明确指令宁可等待也不动手。对于这种现象，雍正帝一针见血地指出：这些人实际是在推卸责任，为自己留后路，是在为自己做官。

对于那些有能力的臣子，雍正也不忘随时耳提面命。为了安抚被诬陷的实力派大臣田文镜，雍正这样批复："不过教你知道你主子为人居心，真正明镜铁汉，越发小心勉力就是了。你若信得过自己，放心又放心，就是金刚不能撼动朕丝毫，妖怪不能惑朕一点。你自己若不是了，就是佛爷也救不下你来，勉为之。朕待你的恩，细细地想，全朕用你的脸，要紧！要紧！"田文镜办事得力，得罪了很多人，名声不好，但雍正力排众意，善加保护，君臣之情甚笃，由以上朱批，即可窥见一斑。而文中用词颇为活泼、有趣，什么金刚、妖怪、佛爷，无不与宗教有关，读之不禁莞尔一笑。

雍正还关心大臣的婚事，他这样批复："风闻副都统达鼐无子嗣。著由尔（年羹尧）处赏银一千两，以资娶妻。若用朕所赐银两娶妻，则必生子。"这就是传说中的奉旨娶妻吧，雍正十分幽默，调侃着用他赏赐的银两娶老婆，就一定能生出儿子，"售后三包"工作做得还真是到位。

雍正的妙语点评，犹如我们现在常发的微博或者微信，短短数语，言简意赅，振聋发聩。我们不妨再多看几个他的奏折批复，感受这位伟大君王的思想。

"李枝英竟不是个人；大笑话！真笑话！有面传口谕，朕笑得了不得，真武夫矣。"

"该！该！该！该！只是便宜了满丕等，都走开了。不要饶他们，都连引在内方畅快！"

"好事！好事！此等事览而不嘉悦者除非呆皇帝也！"

"多赏你些，好为你夤缘钻刺打点之用。"

"王嵩到来，朕见了，竟不是个东西，满脸混账气。"

"羞不羞，这样总督用不着你保留！"

"旗下人员，只以见钱，眼都黑了。"

"你下作贱态毕露，小心可也！身家性命在里许。你见朕将空言恐吓谁来？教而改者处分谁来？教而不改者宽恕谁来？可有一人漏网？可曾冤抑一人？不要到自己身上就糊涂了。当睁开眼，净洗心而为之，不可将朕雨露之恩施于粪土，则实可惜也！"

"此等不肖种类，当一面拿问，一面参处。在此人身上追出数十万金以养尔山东百姓，不是好事么？丝毫看不得向日情面、众人请托，务必严加议处。追到山穷水尽处，毕竟叫他子孙作个穷人，方符朕意。"

"虚假又虚假，尔虽不奏联。朕亦可以知情。倘若依赖尔等无知糊涂奴才，何事不误？"

雍正曾把他批阅过的奏折选择一部分编成《雍正朱批谕旨》，装订的线装本足有半米厚，收录奏折七千余件，这是一代勤勉之君勤于政务的真实记录。这充分说明雍正是中国历史上一位非常罕见的勤政皇帝。

雍正曾在一折批语中说，"朕自朝至夕，凝坐殿堂，披览诸处奏章，目不停视，手不停批，训谕诸臣，日不下千数百言。"

每天都在思考问题，批阅奏折，非常辛苦，雍正写的两首七律，成为他勤政的写照。

《暮春有感》："虚窗帘卷曙光新，柳絮榆钱又暮春。听政每忘花月好，对时惟望雨旸匀。宵衣旰食非干誉，夕惕朝乾自体仁。风纪分颁虽七度，民风深愧未能淳。"

《夏日勤政殿观新月作》："勉思解愠鼓虞琴，殿壁书悬大宝箴。独览万几凭溽暑，难抛一寸是光阴。丝纶日注临轩语，禾黍常期击壤吟。恰好碧天新吐月，半轮为启戒盈心。"

诗中的"听政每忘花月好""宵衣旰食非干誉""难抛一寸是光阴""丝纶日注临轩语"四句，很能说明他的勤政程度。

"自古圣贤为治，皆尚实政，最恶虚名。"这掷地有声的话，充分体现了雍正务实的思想。他深谙"上行下效"这句古话，他一生以身作则振作朝纲，呕心沥血继往开来。

对官员每三年考核一次，是清朝官场例行公事，一般不会有什么怪异之处。雍正对一个县官的考核处理方式与以往不同，却让大清官吏都吃了一惊。

此县令名叫常三乐，直隶吴桥县令，负责考核他的是直隶巡抚李维钧。通过认真听取下属意见，查阅文书档案，走访地方士绅，李维钧给常三乐写了两条评语：一是"操守廉洁"，是个清官；二是"懦弱不振"，工作打不开局面。他据此建议平调常三乐去管教育，因为教书育人对操守要求高，工作量却不大，对他比较适宜。

吏部看了考核报告，向李维钧提出一个问题："你说常县令工作不胜任，有什么具体表现，给吴桥县造成了什么严重损失？"

李维钧回答："尽管常三乐工作吃力，但是钱粮该收也收了，社会治安也说得过去，也没发生过什么群体性事件，还真挑不出大毛病来。"

吏部说："既然没发现实质性问题，把人家调离重要岗位，理由不充分，也不符合惯例，提醒提醒算了。"

李维钧坚持自己的看法。吏部自信地说，咱也别争了，还是请示皇上吧。

雍正看了报告，朱笔一挥：撤职！理由很简单，县域是社稷基石，县令责任重大，常三乐没有责任心，本身就是失职渎职，还非要等着出大事吗？

其实常三乐真该偷着乐。雍正继位之初，山东曹县盗贼猖獗，社会治安很成问题，老百姓直叫苦。县令王锡玠不敢抓不敢管，结果被摘掉乌纱，还判了五年监禁。正二品的云南开化总兵仇元正，为人老实本分，但作风拖拉，工作长期没起色，雍正勒令其马上退休回家。

康熙末年，官员们实在是太爽了。那时，康熙固步自封，对人对事"睁一只眼闭一只眼"。官场的贪、懒蔚然成风，通不过考核的很少，被严肃处理的更少。实在看不下去了，往往罚俸了事，官员经济上吃点亏，政治前途一点不受影响。用不了几天，眼看雍正的吏治新政如此严厉，各级官员在震惊之余，终于回过味来：看来，官是不好当了！不但要两手干净，这双手还必须干活呢。但是，有的人思想一时转不过来。

湖广提督岳超龙表决心说："为报答皇上厚爱，我一定做到廉洁自律，两袖清风。"

雍正不以为然，批示道："要求太低了吧！当官本来就不该贪，这算什么高标准？如果只满足于'清官'的好名声，却倒了油瓶不扶，不就是绣花枕头吗？"

清廉是官员的起码条件，否则一切免谈。贪能误国，懒也能误国，无所作为的"清官"就是庸官，跟利欲熏心的贪官一样，都不是好官。作风上正派廉洁，工作上敢于担当，二者缺一不可。这就是雍正的用人观。

改变观念谈何容易。无官不贪是中国封建社会的常态，所以有一种非理性的官员评价标准：只要不贪腐就是"好官"，至于这"好官"为国为民有啥贡献，倒没人在意，可谓"一白遮百丑"。为了纠偏，雍正不能不创新工作方法，改变用人理念。

"人治"是雍正统治思想的内核。它强调一是要有一个好皇帝；二是皇帝要会用人。雍正把人看作最重要的因素，对下层的官吏给予了很多的关怀与照顾。

有一天夜晚，恰逢一个节日，内阁大员早早就溜之大吉了。一个名叫蓝郡的小吏正在值班，忽然进来一位穿着朴素、气色凝重的高个子中年人，看样子应该是出来散步的内廷值班官员。元宵之夜，也没有要事，两人一见如故，边喝茶边畅聊。

高个子喝着小吏端上来的热茶，问："你是什么官？"

蓝郡不好意思地说："不是官，小小的收发员，收收发发，给上司们沏沏茶，跑跑腿。"

高个子又问："其他人呢？怎么就你一个啊？"

蓝郡回答："都上街看灯去了。"

高个子很好奇："你不喜欢看灯吗？"

蓝郡说："当今皇上励精图治，听说晚上都不睡觉，现今西北有战事，万一有个急件，没人跑腿可要误大事！"

高个子点点头，又问："蓝郡，你将来有什么打算？"

蓝郡说："假如我时来运转，能到港务衙门就任就好了，那里有的是鱼。我家孩子多，这样就是闹饥荒也饿不死。"

高个子哈哈一笑，告辞离去。

第二天早朝，雍正就问："哪个港务衙门有空缺啊？"

几位大人查询了一下，回复说："广州有"。

雍正说："让内阁的蓝郡去吧。"

"蓝郡是谁？"有人不解地问。

去宣旨的官员到了内阁，看到蓝郡竟是一名小吏，便问蓝郡怎么认识皇上的。蓝郡也莫名其妙，过来谢恩时，看到龙椅上坐着的人，才知道昨晚遇到的高个子原来就是雍正皇帝。

雍正和蔼地说："蓝郡做事认真，对工作有责任心，朕想放你个实缺，去广州为朕管管港务，不过要吃鱼自己下水捞，不能占渔民便宜。"

蓝郡跪倒磕头："谢皇上，臣一定兢兢业业，爱民如子，不让皇上失望。"

蓝郡上任后，果然处事得体，工作踏实认真，将广州港务管理得井井有条。只要是正派能干的臣子，雍正都会果断启用，而且重用，哪怕有不同看法。

田文镜主政河南、山东的时候，配合雍正新政，狠狠打击贪官污吏，大力整顿官场作风，就连中央官员到地方收了礼，他也敢向皇上报告，得罪了不少人。雍正把他树为模范总督，让大清官吏都向他学习。

李卫办事得力，在哪儿都大刀阔斧工作，政绩斐然，雍正几乎年年提拔他。不过，李卫为人粗粗拉拉，比如直呼上司"老张""老李"，工作方法也简单粗暴，所以对他的举报就没断过。雍正就给众人做思想工作：这个人浑身是刺不假，但都是为了工作。你们要不服气，给我推荐个又能干又温柔的完人吧。

雍正治下的官吏都有一个特点，他们大多为人清白，勤奋能干有建树，这是公认的。雍正认为，治天下管理为首要，管理之道在于用人，除此皆末节也。人用好了，激发出了创新和谐的氛围，政绩自然不用担心。所以雍正敢于起用新人、能人，形成了一套重实际求高效的用人理念。

雍正的用人理念大概可以分为三个特点：

第一，不要奴才。

在雍正看来，作为管理国家的骨干力量，若是在位干不出成绩，不能有所作为，这本身就是失职，即使人品再好，也不过像个"木偶"，是个摆设，只是个奴才，起不到治世安民的作用。他说："庸碌安分、洁己沽名之人，驾驭虽然省力，恐误事。"对这种官员必须及时调整。雍正把守国法无过错的管理者分为两类，一种是听话顺从但平庸无为之辈；另一种是有才干、有主见，但不免常有不同意见的人。在这两者之间，雍正的态度十分明确："去庸人而用才干。"

雍正清除贪官庸人毫不手软，而对有才干的人却是倍加爱惜的。他常对臣子们讲，凡是有些真才实学的人，因为他们有才识有主见而敢于顶撞，难以驾驭。这些人也有恃才傲物不拘小节的毛病。但治理国家最终要靠这样的人，对他们应当爱惜、教诲，而决不能因为见解不同就抛弃不用，甚至加以迫害摧残。

第二，不拘一格用人才。

为了造就一支高效的中高层队伍，雍正命令文武百官荐举人才。可是有的官员嫉贤妒能，以还没有全面看透为理由，拒绝推举他人。雍正斥责说："若一定等全面看透才推举，那么天下就没有可推举的人了！"

雍正曾对官员说："用人选官不能先有成见，以前不行的，经过努力改进，可能就行了；以前行的，若是骄傲起来，也就不行了。"雍正大批选拔新人，保守势力反对说这些新人经验不足。对此，雍正形象地比喻说："没有先学养孩子而后再嫁人的。"意思是说，经验不足完全可以在实践中学习得来。

因才用人，力求使官员的才识能力与其职务相当，这是雍正的一向主张。他认为，政有缓急难易，人有强柔短长。用违其才，虽能者也难以效力，虽贤者或致误公；用当其可，则为官者各施所长，政无废事。雍正对地方上的总督、巡抚大员反复强调，要大胆选用有才干的人，不能循规蹈矩。他对湖广总督杨宗仁说，如果遇到有作为的贤能之员，即

行越格提拔，不要按资历升转。对宠臣田文镜也谈到：朕从来用人，不是全看资格，有时即使官阶级别悬殊较大，也是无妨的。更对广东总督郝玉麟讲，在用人问题上，"万不可拘泥一法一策也。"

第三，不要为自己做官。

有些地方官员凡事都要请皇上指示一番。有位军事统帅因为备受同僚指责和诬告，不敢自作主张，曾就如何进军用兵等问题请示雍正。雍正严厉批评他说："朕在数千里之外，怎知道当地具体情况。这都是你大将军因时因地酌情办理之事，朕怎么可能神机妙算、给你下命令呢？"雍正痛恨推卸责任的行为。

雍正甚至要求内外大吏，不要因钦发谕旨而影响了自己的主见。这点，前面所讲他在给湖北巡抚马会伯的一件朱谕上说得十分明白。他进而指出，只有秉公报国，才会有"根本主见"。

雍正奖掖勤能、责罚慵懒，逼迫官员改变作风，不换脑筋就换人。各级官员很快适应了新形势，纷纷行动起来。官场风气迅速扭转，大干苦干，这实在是中国封建社会的奇迹，也为推进各个领域的改革提供了保障条件。

雍正既不容忍贪，又不容忍懒，两手抓，两手都硬。他诛杀贪官，保持高压，让官员们听到钱字就发抖。在对贪官执行死刑时，还常常组织官吏到场观摩。他认为现场警示教育，比让官吏学习《论语》《四书五经》管用得多。

如果说康熙时代是一个大开大阖的时代，那么雍正时代就是整固、精细化的时代，巩固了康熙时代的劳动成果，去除积弊，同时休养生息，不扰民，让百姓逐渐富足起来。百姓富足了，国家自然强盛，国家强盛了，才有充足的物力、财力面对外部危机。雍正皇帝挂在口头的一句话就是"打仗就是打钱粮"，斯以为然矣！

雍正推行了大量的改革，如果没有肃贪治懒的铺垫，是不可想象的。他对康熙晚年的官场积弊进行改革整顿，一扫颓风，吏治澄清、统治稳定、国库充盈、人民负担减轻。他这种安邦治国务实求真的精神，为乾隆初期的发展奠定了坚实的社会基础和经济基础。对"康乾盛世"

起到了承上启下的作用。"康乾盛世"虽无"雍"字，但绝不能无视雍正存在的独特作用和非常贡献，雍正才真正是盛世的缔造者。由是可以说，"康乾盛世"绝对要说成"康雍乾盛世"才公正。

相对于康熙喜爱出巡，乾隆喜欢南游，雍正却是个不折不扣的"宅男"。因为公务繁忙，雍正从不游玩，唯一的乐趣就是参佛了，甚至在批阅的奏折和下达的谕旨中都谈及佛法、讲论佛事。其实这和雍正铁血、残酷的做事风格并不矛盾。正如佛经所言：我不下地狱谁下地狱！雍正这样做的目的就是建立起大清王朝的万世基业。他不惧改革千难万阻，不怕背负恶名，面对世间万恶，他不但要亲自化作丈二金刚擒魔，还要做佛门狮子吼，让所有的贪官污吏心惊肉跳，从而乖乖地做人。

由于雍正的倡导和躬行实践，宫中习禅之风很盛。一些亲王大臣也竞相以习禅相标榜。

雍正一边修炼佛心，一边仍不能释怀自己的几个兄弟，尤其是十四阿哥允禵。当雍正获悉允禵在陵区的家中私造木塔，立即令马兰关总兵范时绎进行搜查，强令交出。允禵气愤难忍，当晚"在住处狂哭大叫，厉声惊闻于外，半夜方止。"

又有诸王大臣进一步参奏允禵在任大将军期间，只图利己营私，贪受银两，固结党羽，心怀悖乱，请即正典刑，以彰国法。雍正认为，允禵当同允禩、允禟有别，还不到受刑罚的程度，于是将他继续禁锢在景陵附近，严加看守。

恰在这时，有一个自称是正黄旗人的蔡怀玺来到景陵，他受"十四爷命大，将来要做皇帝"谣传之说鼓动，求见允禵。允禵怕招惹是非，不肯接见。蔡便把只写有"……二七便为主，贵人守宗山，以九王之母为太后等语"的字帖扔入允禵住宅之内。

"二七便为主"，"二七一十四"，寓意十四阿哥；"便为主"寓意可以做皇帝。允禵看后既不奏闻，又把字帖内的重要字句裁去、涂抹，然后交给马兰关总兵范时绎，并派人向范说明："因为此系小事，所以贝子不奏闻皇上，然又有些干系，故交把总送至总兵处。"雍正接到范时

绎奏报，异常重视，立即派遣贝勒满都护、领侍卫内大臣马尔赛和侍郎阿克敦等人至马兰峪，亲自审讯蔡怀玺和允禵。

雍正认为此事不是孤立的，社会上定有一股反对自己、企图让允禵等人上台的势力在活动。于是他加紧了对允禵等人的镇压，又革去允禵固山贝子爵位，谕令把他押回北京，囚禁于景山寿皇殿内。诸王大臣罗列允禵的十四条罪状，再次奏请即正典刑。雍正仍没有同意，他觉得这不是一个单独的个案，而是一张网，他想到了允禩和允禟。

皇八子允禩争储失败后，仍然不死心，暗中培植党羽，到处散布雍正的谣言。说雍正得位不正，用参汤谋害康熙，还偷改遗诏。又说雍正：弑君、逼母、杀兄、屠弟、好酒色等等，给雍正扣了诸多帽子。雍正把允禩看透了，此等不忠不孝不仁不义之徒不配做人，赐名"阿奇那"，即猪的意思。

皇九子允禟也和老八允禩串通一气，狼狈为奸。允禟只拥有贝子爵位，可大家都叫他九王爷。雍正得知这些情况后，怕允禟在西北生事，便派都统楚宗去约束他。可是，允禟并不按礼出迎接旨，声言："谕旨皆是，我有何说！我已是出家离世之人，有何乱行之处？"面对允禟的所作所为，雍正十分恼怒，以"违抗军法"的罪名将他的贝子爵革除，不久给允禟定罪，送往直隶（旧名，相当于今河北省），加以械锁，赐其名为"塞斯黑"，即狗的意思。将他们都圈禁起来，不与外人相见。

三阿哥允祉也受到了雍正帝的沉重打击。允祉一直以来以学问文采见长。在康熙晚年的储位斗争中，允祉活动不太明显。但在太子允礽被废、大阿哥允禔被禁后，他曾因"年长居首，也以储君自命"。雍正认为允祉的势力在蒙养斋修书处，即位不到一个月，就向该处人员动手了。雍正首先打击的是蒙养斋学士陈梦雷。陈梦雷被指是耿精忠叛逆案从犯，称当年康熙对他从宽处理，命他在修书处行走，然而他不思改过，不法甚多。为了对他进行惩戒，雍正将他以及他的儿子发往边远从军。刑部尚书陶赖、张廷枢执行谕旨不坚决，将陈梦雷的两个儿子私自释放了，雍正即把他们降职。雍正打击允祉的手下，目的是为了限制允祉势力的发展。

对于有些疯疯癫癫的大阿哥允禔，雍正仍然如康熙时一样严行囚禁。

对废太子允礽，雍正认为他已构不成对自己的严重威胁，何况他对允礽不是非常憎恨，毕竟他与允礽的兄弟情分曾经还过得去，如今更没有必要斩草除根。允礽去世后，雍正将他按亲王礼埋葬，并追封他为和硕理亲王。雍正对他的子孙也格外恩典，封允礽的儿子弘晳为郡王，将允礽在东宫时所有的金银、服饰以及家奴、官属都赏给了他。

雍正四年（1726 年）九月，允禩、允禟相继病死。昔日不可一世的八阿哥党不复存在，雍正终于笑到最后。诸王大臣们又再次合词奏议，要求将允禵立即正法。雍正遣人对允禵说："阿其那在皇考之时，尔原欲与之同死，今伊身故，尔若欲往看。若欲同死？悉听尔意。"允禵回奏："我向来为阿其那所愚，今伊既伏冥诛，我不愿往看。"于是，雍正下令"暂缓其诛，以徐观其后，若竟不悛改，仍蹈罪愆，再行正法。"从此，雍正不再过问允禵。此后，允禵销声匿迹，过了八九年的囚徒生活，直到乾隆即位后才被释放。

从雍正处理兄弟们的态度上来看，他绝非传说中的不顾手足之情。他并没有采取一味打击的政策，而是采用了拉打结合的政策，这也是封建君王集权主义思想的表现，即"顺我者昌，逆我者亡"。因为只有这样，才能加强中央集权，巩固统治地位。历史上的每一个皇帝有其宽仁的一面，也必有其严厉的一面，否则就很难稳定民心，一统江山。

第十一章　兔死狗烹

　　雍正前门驱虎，却不曾想后门迎狼，自己最信赖的两位重臣不知不觉中开始翘尾巴了。

　　雍正在争夺帝位时，在收拾众阿哥的斗争中，隆科多、年羹尧这两人的支持帮了大忙。但是，即位两年后，雍正就发现隆科多和年羹尧越来越无礼，依仗在关键时候出过力，不仅贪污受贿，口无遮拦，还积极拉拢奸党，成为内廷和外廷的两大隐患。

　　雍正即位后，隆科多不仅加官进爵，荣及子孙，而且得以总理朝政，兼管理藩院，双眼花翎、四团龙补服，跟嫡亲皇家宗室一个待遇，还被委以步军统领的重任，担任康熙《圣祖实录》《大清会典》的总裁官，以及负责监修《明史》。在刚刚即位的那年，雍正对隆科多张口必称"隆科多舅舅"，甚至在奏折上也直书"舅舅隆科多"，一点也不担心不成体统。隆科多宠荣备至，普天之下也只有隆科多享受这个待遇了。隆科多大肆举荐官吏，经他推荐的人选无不就任重要职位，朝堂内外称他推荐的官吏为"佟选"。

　　年羹尧威震西北，实际上就是没有封王的"西北王"。他远在边陲，却一直参与朝中的机要事务，将自己的亲信安插在朝堂中，成为炙手可热的实力派人物。此外，年羹尧手握重兵，是雍正最为倚重的军事力量。雍正皇位稳固后，更把诸多事务的决断权交给年羹尧，例如海禁和官员挑选权，甚至东南沿海福建盐商的问题也要跑去问他。私自改动圣谕、先斩后奏这种在古代社会大逆之事，年羹尧做了，雍正反而朱批道："增的几字甚好！"掉脑袋的事儿在年羹尧这里反而成了立功受赏。

之后，雍正干脆也不让他改了，直接让他代拟上谕。年羹尧在川陕总督之时，便屡屡举荐"老同事"。当上大将军后，更是变本加厉，不断对老部下"论功行赏"。年羹尧曾经一口气推举十五位川陕旧部。这些人后来不是地方大员，便是军中要人。江浙地区的官员后来也要年羹尧的举荐才能就任，甚至年羹尧举荐的官员一度成了大清官吏的"优质免检产品"，朝堂内外称之为"年选"。

如今这二人的势力扩张得极快，内有隆科多，外有年羹尧，雍正渐渐感觉到自己尴尬的处境。雍正还担心一件事，那就是康熙临死前，隆科多曾和自己见过面，说过一些话，这件事微妙得很，如果传出去，也会引起很大的纷争，更加会让世人认为自己的皇位不正。他的内心一直惴惴不安，总想找机会收拾飞扬跋扈的隆科多、年羹尧这两个功臣。这两人不除，自己的帝位随时不稳。可是，雍正要除掉他们，谈何容易！

雍正对允祥说："朕自登基以来，隆科多、年羹尧权重骄横，逾越礼法，深恐他们日后生变，如何是好？"允祥答道："只要师出有名，待机而动，不怕过河拆桥。要除此二人，易如反掌。"

雍正已经做了"过河拆桥"的决策，可是，隆科多、年羹尧却还蒙在鼓里，一无所知。

年羹尧，自恃有功，煊赫一时。他为了炫耀自己的威风，在雍正二年（1724 年）班师回朝进京城时，极力讲排场，摆阔气。他带着本部数千兵马，前呼后拥地离开西北。王公大臣得知年大将军来京，早就在广安门外的道路两旁，伫立等候。

据相关资料记载：正午时分，一队快马过后，只见众兵丁簇拥着一人，耀武扬威而来。近时细看，那人头戴三眼花翎，身穿金黄服饰，外加四团龙补，骑着高头大马。这人正是年大将军，好不威风。王公大臣一见年大将军，无不拱手称贺。年羹尧却挥动鞭子抽打坐骑，风驰电掣般穿过了等候在道路两旁的人群，好像根本没有看见那众多的人在迎接他。进了朝堂，到了御前，年羹尧见到雍正时，也只是欠了欠身，就一屁股坐了下来，没有一点人臣应当遵守的礼节。王公大臣们看到年羹尧如此这般的狂妄举动，心里都感到愤愤不平，暗地里议论纷纷。

第二天，雍正亲赴大营犒赏年羹尧带来的征战西北的士兵。年羹尧一声令下，全体士兵很快集合起来，摆出整齐的阵势。面对着一千大清勇士，雍正发表了一番热情洋溢的讲话，下面的士兵既没有跪倒磕头，也没有高呼万岁，一个个面无表情地站在那里。雍正感觉奇怪，这些兵怎么反应迟钝呢？

雍正说了半天，下面的人连个互动都没有。此时，烈日当空，雍正见士兵们满脸是汗，便和善地说："众位将士，天热难当，都把头盔摘下来吧！"

众士兵一动不动，仿佛没听到雍正的话一样。雍正很尴尬，群臣窃窃私语，都不明白这些士兵为什么这么不知礼。

年羹尧得意洋洋地走到雍正身旁，大手一挥，喊道："摘头盔。"

"哗啦"的声音顿时响起，士兵们干净利落地摘下头盔夹在腋下。

年羹尧满意地看着这些士兵，不断地微微颔首。雍正瞥了他一眼，只见年羹尧捻着胡须，脸上似笑非笑，嘴角好不得意地咧着。

雍正强压怒火，对年羹尧笑呵呵地道："年大将军，这群将士，果然雄壮威武啊！"

年羹尧道："皇上，年某的兵都是虎狼之师，令行禁止，可百万军中取上将之头。"

雍正心里一哆嗦，一丝危机从他心里萌生，他满怀心事地乘着龙辇回宫了。

当晚，雍正召见允祥。允祥说了一件事：六个月前，正值隆冬，年羹尧乘轿子出门，大雪纷飞，几个侍卫担心轿子不稳，便用手扶着轿子行走。走了一会，年羹尧掀起布帘看到侍卫的手都冻红了，便道："去手。"他的本意是不用侍卫手扶轿子，谁知侍卫误解了，以为年羹尧怪罪他们，让他们"去手"。侍卫们当即拔刀砍掉了自己扶轿子的那只手。年羹尧很得意，重赏了这些侍卫，让他们继续在军中服役，还委以重任。从那以后，年大将军的威名不胫而走，他的士兵将他视为终生信仰，顶礼膜拜。只要年羹尧一声令下，即便是刀山火海他们也敢闯。

允祥说完，看着雍正不语。雍正叹息："希望年羹尧好自为之吧！"

可是，没几天的时间，就在年羹尧离京之前，种种传闻流行起来。忽而传出，皇上犒劳在西北有功的军队，是接受了年羹尧的请求；康熙驾崩时，十四阿哥要带兵勤王，是年羹尧力挽狂澜，截住西北十万精兵；皇上即位时处境危险，是隆科多封闭京城，保驾护航……

所有这些传闻似乎都是想说明一个问题，即恩威不自上出，是年羹尧经常指导皇上理政。这些事都是年羹尧酒酣耳热之际吐露出来的，他为了炫耀自己，又添油加醋地增加了自己和隆科多的许多戏码，把雍正反衬得和个白痴一般。

雍正皇帝听了这些传闻，既感到伤了自己的尊严，又感到整治年羹尧、隆科多的时机已经来到了。于是，雍正召集王公大臣，对他们说："夫朕岂冲幼之君，必待年羹尧为之指点。朕自揣生平诸事不让于人。"他说，目前京中众多的谣言，不仅中伤陷害年大将军羹尧，也是针对隆科多的。究其原因，造谣者是出于妒忌。

皇上的这一番话，明眼一听，就知道内中的情由。明着是责难造谣者，实际上却是告诫年羹尧和隆科多，警告他们不要飞扬跋扈。五阿哥允祺悄悄上了一本，建议皇上不要放年羹尧回陕西，以便留京控制。可是，雍正没有这样做，因为他认为时机还不成熟，不能打草惊蛇。过了一些日子，年大将军仍然没有收敛，他在京城左右逢源，收受贿赂，很多大臣和他交往过密。雍正忍不住发话，命他返回西北。年羹尧和往常一样，率领着兵马，耀武扬威地回到西北任所去了。

在年羹尧走后的一些日子里，隆科多细细地玩味、琢磨皇上的讲话，不由得心里惊慌起来。雍正刚登基时，对自己非常信任，在许多事情上都咨询他的意见，一派君臣和睦相协、同舟共济的景象。但到此时，雍正已经对他有所责难，并开始有步骤地打击自己。为什么在短短两年时间内，雍正的态度就转了一个大弯呢？

究其原因，主要在于隆科多居功自傲，擅权结党，已对雍正的皇权产生了不利的影响。比如，隆科多自比诸葛亮，奏称"白帝城受命之日，即是死期已至之时"一语，又称康熙死时他曾身带匕首以防不测。还有，隆科多曾自夸九门提督（步军统领）权力很大，一声令下就可以

聚集三万兵马。隆科多此时重提这些话就是大不敬，就是欺罔。臣子有功，主上高兴的话可以恩赏，但不允许你自己表功，不然就是要挟，就是说明主上无能或者无德，这就是皇帝的逻辑。

隆科多同年羹尧一样，也对其他官员的任命予以干涉，构建自己的势力圈。虽然隆科多任吏部尚书，但选官这种事情一向是皇权所为，一个臣子居然选起官来了，不仅是擅权，而且有结党之罪。隆科多选官被冠以"佟选"之名，他不仅没有悬崖勒马，反而有和年羹尧攀比之意。如今，雍正几次敲打他们，年羹尧依然不为所动，可是隆科多却惊醒了。

隆科多想：皇上起了疑心，开始对年羹尧不满了，同时也猜忌我了。从今以后，自己做事就要留有后手。他也知道雍正是一个好抄人全家的君主，常常出人不意突然派出骁骑营抄王公大臣的家产。想到这里，他禁不住心情紧张起来。害怕有那么一天，抄家之举会落到自己的头上，这岂不是糟糕了？他左思右想了一阵，还是赶快设法尽早把财产分藏到亲友和西山寺庙里去。不久，隆科多以退为进，向雍正皇帝提出辞去京城步军统领的兼职，争取主动，避免猜忌。

哪知雍正早就派出特务人员监视他的一举一动，对隆科多的所作所为早就了如指掌。雍正看过隆科多的辞职奏本后，对允祥道："这个隆科多真可谓老奸巨猾，竟想欺蒙朕。幸亏我有粘杆侍卫四出侦察，得知了他的诡计。不然的话，岂不要上当受骗。既然事已至此，朕就将计就计。"

雍正提起朱笔，在奏本上批谕：准予辞职，另委鄂尔奇就任。

这鄂尔奇与隆科多素不和睦。雍正选择他去接替这个职务，分明是不让隆科多再对这个职务施加影响。这一招，使隆科多吃了一闷棍，心里有苦说不出来。只好交接工作，安分地做自己其他的工作，希望以此躲过雍正的追究。

再说在西北的年羹尧，没有自知之明，继续飞扬跋扈。他不仅收受贿赂，买官卖官，还将西北十几万清军打造成他的"私家部队"，所有军中大小职务，只要他能干预的，都换成了自己的亲信。对于雍正派到

军中的副将和监军等，他不仅刻意习难，而且冷嘲热讽，轻则打骂，重则安个罪名就关入监牢。

这就使得雍正更加急着要除掉他。雍正皇帝亲自撰写了《论功臣保全名节》一文，刊登在《邸报》上，作舆论准备。他先下诏逐步调换川陕官员，尤其是主管粮草的官员，这样就扼住了年羹尧的咽喉，他还着重做好分化瓦解工作，让年的亲信起来揭发检举年羹尧。

有个人叫蔡珽，他原本是年羹尧提拔起来的。后来，蔡珽在四川任巡抚，年羹尧要他铸钱，蔡珽没有照办。年羹尧怀恨在心，和蔡反目，写了奏本弹劾他。朝廷革去蔡珽的官职，刑部审讯后，定为罪应拟斩，奏请皇上批准。谁知雍正皇帝见了刑部的奏本，知道蔡珽原是年羹尧的亲信，决定抓住时机利用年羹尧的对立面，就叫蔡珽反戈一击。

雍正说："朕思你所犯，系年羹尧参奏，今若将你置之于法，人必以朕为听年羹尧之言而杀你。朝廷威福之柄，臣下得而操之，有此理乎？断不可使人谓朕听年羹尧之言而杀你。"

蔡珽喜出望外，感谢皇上不杀之恩，尽力罗织罪名，决心置年羹尧于死地。雍正起用蔡珽为左都御史。从此，这个与年羹尧反目成仇的蔡珽，成了雍正皇帝的心腹，到处搜集年羹尧的罪证。时机渐渐成熟，雍正的刀终于磨好了。

俗话说：无巧不成书。早在同年二月，出现了所谓"日月合璧，五星连珠"的嘉瑞。其实，这只是种自然现象而已，但出现需要几百年。当时钦天监在推算出这一自然现象将要发生之后，立即报告给皇上。

雍正皇帝以为这是难得遇见的幸事，命史官加以记录，并知晓臣民，准备庆贺。这样一来，全国大小官吏绅士土豪，都向雍正皇帝上了歌功颂德的贺表。雍正皇帝读着这些贺表，心里不免一阵快慰。当他拿起抚远大将军年羹尧的贺表时，却有一股异样的反感，再打开一读，发现有"朝乾夕阳"一语，顿时脸色一变，把贺表丢在一旁，大骂道："大胆逆臣，语出狂悖。"

原来年羹尧是想引用《易经》乾卦中"君子终日乾乾，夕惕若厉，无咎"的典故，歌颂雍正皇帝从早到夜都在想着治理好国家，但由于粗

心大意，把"朝乾夕惕"写成了"朝乾夕阳"。这"夕阳"可是没落中的东西，是不吉利的象征。雍正在盛怒之下，提起朱笔批道："年羹尧书'朝乾夕阳'，显露不敬之意，其谬误实非无心而是故意。"

年羹尧得知此事，毫不在意，连上了两个折子，只言其他公事，却不为自己写错字而请罪，对雍正的批评置若罔闻。雍正终于等到了最佳时机和令人信服的借口，他令年羹尧把抚远大将军印信交给岳钟琪，调任他为杭州将军。

雍正在他的折上批道："朕听说有个谣言叫'帝出三江口，嘉湖作战场'。朕倒要让你去那里做做官！朕想你要是自称帝号，那也是天数，朕也没办法。要是你自己不肯做，有你统朕数千兵在此，你断不容三江口有人和朕争帝位吧？看你回的两个折子，朕实在是心寒至极。看来你还是不知感悔。上苍在上，朕若负你，天诛地灭，你若负朕，不知上苍如何发落你也！"

年羹尧接到雍正的调令后，一时间手足无措，心乱如麻。他确实想过造反，可是造反总要有个由头啊！拥立哪个阿哥做皇帝呢？现在雍正已经将其他的阿哥完全打倒，没有可以拥立的阿哥，自己造反会受到整个大清军队的镇压，连蒙藏王爷们的军队也会与他为敌，更不得民心。那么，打着"反清复明"的旗号是否可行呢？年羹尧一盘算，发现自己以前杀过许多反清的义士，早已经恶名远扬，这条路也行不通。

造反不得！年羹尧发现，自己的处境很不妙，首先粮草少得可怜，仅够三日之需，看来雍正早有准备；其次，山西有雍正布置的数万军队严密布防；最后，副将岳钟琪掌控了大营的部分兵力，也是个难缠的对手。

年羹尧闭门三日，左思右想也想不出对策，只好乖乖就范，交了帅印，启程去杭州。一路上，他幻想着雍正反悔，让自己官复原职，所以磨磨蹭蹭。哪知刚到杭州，雍正又再降谕旨，夺去他将军之职，以闲散章京（章京是办理文书的小官，闲散章京是没有固定职务待用的小官）安置杭州，后又令他去守涌金门。年羹尧这才知道事情比自己预想更要糟，就不免心灰意懒。他不断背诵"飞鸟尽，良弓藏；狡兔死，走狗烹"这几句话，发泄心头的怨愤之情，天天盘算着后事安排。

朝中那些王公大臣见年羹尧已经倒下，就发起了墙倒众人推的攻势，纷纷上奏本弹劾。这个说年羹尧作威作福，揽权纳贿，党同伐异，滥冒军功，侵吞钱财，杀戮无辜，残害良民；那个说年羹尧阴谋叵测，狂妄多端，妄想窃取九重之威福，实在是大逆不道，法所难容。在一致要求诛戮声中，雍正就以群臣所请为名，下令逮捕年羹尧。

议政大臣召开了紧急会议，罗列年羹尧九十二条大罪，奏请雍正立即凌迟处死年羹尧。雍正假惺惺地说："年羹尧虽然罪大恶极，但念在有功在前，免正典刑，令其自裁。"

随后，雍正又下令将其父年遐龄、兄年希尧革职，子年富立即斩首。其余满十五岁的儿子遣送广西、云南、贵州极边远贫瘠之地充军，嫡系子孙将来长至十五岁者，皆次第照例遣送，永不赦回，亦不许为官。年羹尧之妻因系宗室之女，送回娘家。年羹尧父兄族中现任、候补文武官员者，一律革职。年羹尧及其子所有家产俱抄没入官。不可一世的年羹尧终于毁在了自高自傲中，他的死竟然没有任何人同情他，可见其自作孽，不可活。

年羹尧本来就位高权重，又妄自尊大、违法乱纪、不守臣道，招来群臣的侧目和皇帝的不满与猜疑是不可避免的。雍正是个自尊心很强的人，又喜欢表现自己。年羹尧的居功擅权将使皇帝落个受人支配的恶名，这是雍正所不能容忍的，也是雍正最痛恨的。雍正并没有惧怕年羹尧之意，他一步一步地整治年羹尧，而年也只能俯首就范，一点也没有反抗甚至防卫的能力，只有幻想雍正能看着旧日的情分而法外施恩。所以，他是反叛不了的。雍正曾说："朕之不防年羹尧，非不为也，实有所不必也。"至于年羹尧图谋不轨之事，明显是给年罗织的罪名，既不能表示年要造反，也不能说明雍正真相信他要谋反。

从年羹尧的实际情况来看，他一直是忠于雍正的，甚至到了最后关头也一直对雍正抱有很大幻想。在被革川陕总督赴杭州将军任的途中，年羹尧幻想雍正会改变主意，因而逗留在江苏仪征，观望不前。结果这反使雍正非常恼怒，他在年羹尧调任杭州将军所上的谢恩折上这样批道："看你这光景，是顾你臣节、不管朕之君道行事，总是讥讽文章、

口是心非口气，加朕以听谗言、怪功臣之名。朕亦只得顾朕君道，而管不得你臣节也。只得天下后世，朕先占一个是字了。"雍正的这段朱批实际上已经十分清楚地发出了一个信号：他决心已定，必将最终除掉年羹尧。

直至年羹尧接到自裁的谕令，他也一直迟迟不肯动手，还在幻想雍正会下旨赦免他。但雍正已经下定决心，认为使其免遭凌迟酷刑、自裁以全名节已属格外开恩，所以他应该"虽死亦当感涕"，因此年羹尧生路已绝。一个想要谋反的大臣怎么会对皇帝有这种不切实际的幻想呢？雍正在给年羹尧的最后谕令上说："尔自尽后，稍有含冤之意，则佛书所谓永堕地狱者，虽万劫不能消汝罪孽也。"在永诀之时，雍正还用佛家说教，让年心悦诚服，死而不敢怨皇帝。

收拾了年羹尧，雍正就准备向隆科多兴师问罪了。隆科多辞去步军统领一职后，依然在朝中听命，行事比较低调。雍正不想落下杀功臣的不义之名，就盼着有人能主动举报隆科多。在雍正的授意下，都察院上了一本，弹劾隆科多，说他私受年羹尧金八百两，银四万两千二百两，庇护年羹尧，干扰了对年案的审讯，罪应革职。

雍正假惺惺地说："隆科多乃国家肱骨之臣，怎么会收年羹尧的贿赂呢？朕不相信，不过都察院既然弹劾了他，那就好好调查一下，以还隆科多清白。"

雍正随后派遣大量的人仔细地核实隆科多的人际关系网。这一查，发现了问题，隆科多本人很少贪污受贿，但是他宠爱的一个小妾四儿打着他的名义大肆伸手要钱。隆科多对自己的小妾极为骄纵，也就养成了四儿颐指气使、目中无人的性格。最令雍正感到震惊的是，隆科多经常带四儿出入禁门，"车前对马叱人避道，毫无忌惮"，显得十分跋扈专横。

这还不算，四儿还插手隆科多的公事。如大贪官江宁巡抚吴存礼为了自己的仕途，从康熙年间到雍正初年不断向朝中的显贵要员等行贿，累计共馈送二百二十六人，达四十四万三千余两银。其中隆科多、鄂伦岱、阿灵阿、苏努父子皆榜上有名。此外曾在康熙皇帝身边服侍的大太监魏珠等人也在其中，可以说从各部的尚书、奏事官员，到允祉、允

禩、允裪、允禊、允䄌等康熙诸皇子府上的太监、家人，吴存礼全都打点了个遍。隆科多接受吴存礼馈银一万二千两，为其办事，据说就是四儿的主意，而隆科多不过是"听其指挥，不违颜色"罢了。

随着调查的深入，隆科多身上的问题越来越多，最后还发现，隆科多曾与允禊多次密谋，这是立场不稳啊！雍正立即命令抓捕隆科多。

雍正为了避免滥杀功臣的讥刺，所以没有将隆科多处以死刑。雍正命令削去隆科多的太保头衔，着即遣送阿兰善山，修城垦地。

不久，刑部上奏，弹劾隆科多私藏玉牒。"玉牒"是皇帝的家谱，上面有每位宗室成员的名字，以及对该人的评语。如果需要翻阅玉牒，得先经过皇帝的批准，然后沐浴焚香，才能取出阅读。隆科多居然收藏在家，当然犯下了大不敬罪。隆科多为什么要私藏一个抄本呢？揣度起来，大概是想保存康熙有关立储的信息，譬如康熙对皇十四子允䄌的评点。这玉牒对隆科多肯定有用，不然他就不会私藏了。隆科多私藏它，是想证明自己对雍正继位有"扭转乾坤"之功，是想让雍正知道，他知道的隐情更多，使雍正对他有所忌惮，不敢轻易下手。而这自作聪明的举动，恰恰为雍正提供了惩处他的借口。

雍正皇帝以此为据，令骁骑营从阿兰善山把隆科多逮捕归案，交由顺承郡王锡保密审。

锡保奉旨后，知道雍正的意思是要收拾隆科多，草草审问，便将隆科多押回监狱，听候圣裁。不久，诸王大臣经多次审议，议定隆科多犯有四十一大罪。其中大不敬罪五件，紊乱朝政罪三件，欺罔罪三件，奸党罪六件，不法罪七件，贪婪罪十七件。奏请皇上立即处斩隆科多，将其妻子收官为奴，没收其财产。

雍正见奏，假惺惺地表示念其前功，特加圣恩，免予正法。命令在畅春园外附近空地造房三间，将其永远禁锢。家中财产尽收没，长子岳兴阿革职，夺去世爵，次子玉柱遣送黑龙江为奴。隆科多遭此厄难，心情抑郁成疾，每天望着畅春园哀叹不已，后悔当初没选择十四阿哥。隆科多不久病重，于雍正六年（1728 年）死于禁所。

我们暂且抛开雍正决心除掉年羹尧和隆科多的真实动因不说，从

年羹尧自身而言，他的死确实有点咎由自取。他自恃功高，妄自尊大，擅作威福，丝毫不知谦逊自保，不守为臣之道，做出超越臣子本分的事情，已为舆论所不容；而且他植党营私，贪赃受贿，"公行不法，全无忌惮"，为国法所不容，也为雍正所忌恨。这就犯了大忌，势必难得善终。

隆科多自比诸葛亮，说什么白帝城托孤云云，其实无非是表白自己对皇家的忠诚，潜台词无非是"鞠躬尽瘁，死而后已"八个字，否则，他断然不会在奏折里如是说。可是，热心表白的隆科多却忘了，白帝城托孤的故事还有另外一个潜台词，那就是，被托的"孤"是小说上称为阿斗的那个人，而阿斗则不仅是小说上的饭桶，而且已经成为民间饭桶草包的代名词。没有那个皇帝愿意承认自己的皇位是靠某个下属得来的，雍正厌恶隆科多的原因也大概如此。

所以《清史稿》上说，二人凭借权势，无复顾忌，罔作威福，即于覆灭，古圣所诫。对于年羹尧从受宠到受死的"冰与火"的转变，雍正曾第一时间表态："大凡才不可恃，年羹尧乃一榜样，终罹杀身之祸。""年羹尧深负朕恩，擅作威福，开贿赂之门，因种种败露，不得已执法，以为人臣负恩罔上者诫。"

野史中认为年羹尧和隆科多因为掌握了雍正即位的种种内幕，在战事已定、朝中无患后，立即开杀戒灭口，以雍正之个性来看，似不成立。年羹尧、隆科多的倒台是因为结党图利，身败名裂也是咎由自取。

可以肯定的是，没有这二人确切想要谋反的证据，心高气傲的雍正是不甘做陪衬和受支配者。从政权角度来看，西北战事已定，年氏集团尾大不掉，手握重兵，此为明患；雍正虽即皇位已久，但昔日的争储势力仍在，不排除借年羹尧、隆科多二人势力反攻的可能，此为暗忧。种种因素下，真就成了"非死不可"了。

第十二章　兼容并包

中国的古话常说，鸟尽弓藏，功尽人亡。建有奇功的功臣一般都是不得好死的。与年羹尧、隆科多形成鲜明对比的是如日中天的允祥，自从胤禛继位后，允祥迅速成为雍正朝的台柱子。其理事之才绝非常人能及，识人之明达，手段之老练，完全不像个从未与政的皇子。这也坚定了雍正继续重用他的决心。雍正初年，经济、军事、赋税、刑狱等均已出现危机，哪一件都极为棘手，并非得到新皇帝倚重信任的人就一定能搞好。像允祥能同时治理那么多棘手的国家大事，却均井井有条的，在历代能臣中实属罕见。他担任总理事务大臣期间，处理康熙、乌雅氏丧事，总管会考府、造办处、户部三库、户部，参与西北军事的运筹，办理外国传教士事务。到雍正四年，会考府解散，允祥卸任总理大臣，除了继续以前的各项兼职外，又加议政大臣，总理营田水利，领圆明园八旗禁军，办理雍正陵寝事务，密谋筹办军需并对用兵漠北进行战略谋划，还要承担雍正临时交办的审断案件，代行祭祀等诸多差务，可谓职任繁多，综理万机。

雍正曾经十分感慨地说："朕实赖王翼赞升平，王实能佐朕治平天下。咸谓圣王贤臣之相遇数千百载而一见，今且于本支帝胄之间得之。"

允祥待人接物，可谓秉持原则。他从为国举贤的大局出发，向雍正推荐优秀人才。尤其是雍正初年，他向雍正推荐了大量年轻位卑的官员，这些人日后大多得到重用，像福建总督刘世明、陕西总督查郎阿、山西巡抚石麟、福建巡抚赵国麟等等。一方面，这是雍正即位，急于政治洗牌；另一方面，这些后来官至督抚的各地方大员，确有其才。他们

构成了雍正朝到乾隆初年整个国家官僚系统的中坚力量，有效地贯彻了雍正朝时期各种政策的实施。

康熙帝第十七子允礼，曾被雍正视为允禩同党，命他看守陵寝，不予重用。允祥觉得十七弟"居心端方，乃忠君亲上、深明大义之人"，奏请起用。雍正接受他的意见，晋封允礼为果郡王，后晋亲王。允礼果然不负众望，成了雍正的又一得力干将，甚至在雍正死前被委以辅政大臣。官至直隶总督的李卫，允祥觉得此人"才品俱优，可当大任"，极力保举，使其脱颖而出，成为最受雍正器重的股肱重臣。

雍正用年羹尧主持青海军事，隆科多从中作梗，阻挠他成功。允祥向雍正奏言："军旅之事，既已委任年羹尧，应听其得尽专阃之道，方能迅奏肤功。"雍正听了他的话，不从中掣肘，青海迅速平定。

川陕总督是康熙十九年就定下专为八旗子弟设置的职位，岳钟琪坐上这个官位后，招来很多人妒忌，弹劾岳钟琪的人很多。而允祥恳切陈奏，谓岳钟琪才识兼备，赤心为国，必无负恩忘义之事，愿以身家性命保之。雍正也准许。

雍正最反对臣子结交过深，却曾降旨给臣下，鼓励支持他们多和允祥交往。允祥原本天分就高，被太子党争事件牵连之后，更是冷静地将形形色色争权夺利的种种行径看得清楚。他处事低调、韬光养晦，处处谦卑恭敬，绝不恃宠逞能，这不但让雍正放心，也使别人无从评议。允祥虽身处高位，却没有被荣华富贵冲昏头脑，反而更加谨慎，甚至从不在家接待外臣，以免招忌。

雍正和允祥兄弟俩不仅在政治方向上保持高度一致，在审美情趣上也有很多共同之处。允祥自身审美品味一流，珍玩器皿，无一不精，是第一等的设计师和收藏家，"以怡亲王的管理最为全面、具体，其自身的审美标准也最高。""怡亲王府藏书之所曰乐善堂。大楼九楹，积书皆满。"在目前的《红楼梦》早期抄本中，最早的一个本子也是出自怡亲王府。清宫珐琅彩瓷是中国瓷器中的绝世名品，专供皇室御玩，存世极为珍罕，目前所知海内外公私机构收藏的总数仅四百余件。珐琅彩烧制起于康熙朝末年，盛于雍正朝，延续至乾隆中期以后遂成绝响。烧珐琅

作坊全国仅在紫禁城、怡王府和圆明园三处，且统归大内的造办处管辖，造办处正是由怡亲王负责。

作为雍正最信赖的兄弟，允祥从皇兄那里获得了诸多的恩遇和荣耀，雍正元年，雍正传旨按康熙年间分封皇子为亲王之例，赐银二十三万两。允祥百般谦退，经皇帝再三宣谕，只收下十三万两。雍正又援引康熙对待其兄裕亲王福全成例，准许允祥分封后可支用官物六年，允祥仍是辞谢。尽管允祥对于皇兄的恩赐总是竭力推辞，他还是得到了许多相同地位的人不曾享有的殊荣。根据皇帝旨意，原来只归他兼管的佐领人丁全部划归怡亲王府属下，又于亲王定额之外增加一、二、三等护卫共十七员，仪仗中也增加豹尾枪、长杆刀各二，以突出他的与众不同。又以允祥"总理事务谨慎忠诚，从优议叙"，特在怡亲王之外又加封一个郡王爵位，允许他在儿子中任意指封一人，这在清代历史上是没有先例的。允祥坚辞不受，雍正也不好十分勉强，遂命给他增加俸银一万两，以为奖励。就连死去二十余年的允祥生母章佳氏也沾了儿子的光。雍正将其母原有"敏妃"封号提高两级，追封为"敬敏皇贵妃"，祔葬景陵。

由于长年的辛苦工作，允祥的病加重了。雍正四年，允祥生了一场比较重的病，四个月间断断续续不能痊愈，但他却丝毫没有闲着，州府重新划分、官兵管理、云南盐务事宜、勘探河道、水利绘图、清查亏空、新开河道，安排河工等。雍正赐予他"忠敬诚直勤慎廉明"的八字匾以示嘉奖，赞扬他"勤勉奉公，夙夜匪懈，即如目今王虽身抱病疾，而案牍纷纭，批阅不倦，朕闻之实至于不忍"。这样高强度的工作，势必会对他的身体造成不利影响。

雍正命令他必须在家休息，允祥却待不住，又请求为雍正勘陵。最初，允祥是在康熙陵园附近寻访，第一次选中的地方，居然发现穴中有沙子，虽然雍正只说是未足全美，但以允祥谨慎的性格，应该会非常紧张，于是去远处再次替雍正选陵，这就是清皇陵分为东西陵的来由。雍正让太医院院使刘胜芳任户部侍郎，让他边给允祥治疗边向他请教政务。可允祥还是亲自翻山越岭，"往来审视"历尽辛苦。允祥怕烦扰百

姓，"常至昏夜始进一餐"。这种身心俱疲的状态加重了他的病势。

在选陵的过程中，雍正欲将其中一块属于"中吉"风水之地赐给他，但允祥感到自己不应享受帝后们的修墓之地，又到涞水县自选了一块地，请求赐为安葬之所，雍正不得已只好依从他。

不知不觉中，雍正和允祥相扶走过了七八年，大清王朝的国力蒸蒸日上，处处显露出旺盛的生机，雍正的改革大业蓬勃发展，国家万象更新，一个万国来朝的时代即将到来。

雍正五年，葡萄牙大使麦德乐经澳门抵达北京，朝觐雍正帝，行跪拜九叩礼，献大量礼物，恳请保护在中国澳门和内地的葡萄牙人。雍正允准，同意葡人继续居留澳门，并在麦德乐返澳时，给予了特别的优待。

同年七月，麦德乐在张安多等传教士及礼部大臣的陪同下，最后一次朝觐雍正。雍正特地选在北京圆明园。众人刚一进宫，只看见礼部大臣"扑通"一声，吓得摔倒在地。当时的雍正，西装革履，颈系领结，头戴假发，唇上贴了八字胡，脸上扑了粉，鼻梁上还架了一副近视镜，十足的一个"假洋鬼子"。

此等打扮，在电视剧《雍正王朝》中有过表现，只不过换成在上书房勤政的场景。雍正穿西装、戴假发，对于中国而言，可是一次破天荒。雍正穿西装来源于一种开放的态度。他也许正是想通过这一举动向国人传达开放的信息。

有专家说，雍正穿洋服，戴卷发只是出于猎奇好玩。这个说法过于浅显，雍正是个很严肃的人，他登基时已年近五旬。从他施政的经历来看，他并不是个好玩的人，很在意皇家威仪。在穿西装这件事上我们看到的是其虚心好学的态度，这和他的父亲康熙是一样的。对于西方的文化，采取的是拿来主义，拥有一种博大的胸怀。作为一代帝王，能随便脱掉龙袍而穿上异邦人的西装玩吗？还画了像，而且还是请西方的画师来画？显然不会。

如今收藏于北京故宫博物院的《雍正行乐图》可以说是雍正皇帝的一套精彩 Cosplay 秀的集锦。在这套行乐图中，雍正不断变换着角色：

文的武的、老的少的、中国的外国的、汉族的蒙古族的藏族的，这么说吧，除了女的，他把能演的都演了。而且是神形兼备，场景、道具一样都不马虎，实在是位 Cosplay 达人。有一幅《打虎行乐图》，雍正装扮成猎户模样，手持钢叉，深入虎穴，真是勇猛无双！当然，皇帝是不可能亲自打老虎的，不过就是摆个 pose，吸引一下眼球罢了。但是仔细瞧瞧《打虎行乐图》中男主角的扮相，这领结，这衬衫花纹，这洋装款式，这假发造型！要不是搭配上雍正的"八字胡招牌脸"，还以为是哪个时尚大片里的男模呢。这些画保存在故宫，都是当时西方画师所画，绝对不是后人所为。

当然，作为皇帝，当模特不过是业余爱好，他的本职工作是治国安邦平天下，大衣柜里主打的款式还得是龙袍。洋装假发在当年绝对是奇装异服，雍正皇帝能够坦然接受，已经算是一代"潮男"了。不管怎样，在这场超级模仿秀的背后，我们似乎看到了一个与史书记载和影视剧戏说都不一样的雍正：他有点幽默，有点风流，还有几分天真搞笑。究其背后，也许是他内心的寂寞——他为大清国披肝沥胆，呕心沥血，却很少得到世人赞美。帝王也渴望有知心朋友，也有普通人的喜怒哀乐，也有一颗热情似火的心。可是，作为一国之君，雍正很少放纵自己，即位后也很少离京，苦闷无趣的工作让他不得不自娱自乐，满足一下灵魂深处的那个自我。

除了假发、洋装之外，雍正的皇宫里还有不少洋玩意儿，比方说什么钟表、温度计、望远镜等等。雍正年少时就酷爱读书，书读得多，眼睛也近视了。直到当了皇帝，批阅文件时就不得不佩戴眼镜了。眼镜是明代万历年间才从日本传入我国的，在雍正时期，眼镜还是当时的稀罕之物。追求时尚的雍正自然对眼镜情有独钟。据说，他在皇宫里特设了专门为自己制造眼镜的部门，对制造眼镜的人提了不少建议，从制造材质到设计的款式都要求最好的。也如当今明星害怕撞衫一样，雍正也担心"撞眼镜"。所以，他吩咐技师多造眼镜，最后拥有特制的各款眼镜三十五副。

雍正的时尚不单单表现在穿着打扮上，还表现在他的饮品上，那就

是葡萄酒。雍正在工作之余，闲暇之时，最爱喝葡萄酒。据说，当时有不少的西方的传教士来我国传教，雍正像其他封建皇帝一样，为了稳定自己的统治，主张抵制传教士的思想。但是他又与其他皇帝有所不同，他很喜欢传教士带进来的一些西方物品，比如葡萄酒。据文献记载，当时有一位西方的医生就送过雍正皇帝三种葡萄酒：罗斯玛丽诺葡萄药酒、肉桂葡萄药酒和桃仁葡萄药酒。雍正都视其为珍宝，舍不得喝掉，珍藏了很长时间。

对待西方的使者，雍正也以礼相待。他虽竭力反对天主教等在中国民间的传播，但同时，他对天主教也并无恶意，葡萄牙使臣麦德乐来京。雍正对他的优待，使他深为感激，甚至于雍正寿辰之时，在天主堂作祈祷，为雍正祝寿。雍正还选了一些有才能的传教士在宫中研制外国仪器和烧造材料。

虽然喜欢洋装、眼镜、葡萄酒，但雍正还是没有忘记自己作为一国之君的职责，还是能在追求时尚的同时以国事为重，以爱国护家平天下为己任，对于外来的东西，他很好地做到了"去其糟粕，取其精华"。

雍正在管理外商上，处处以国体为重。其中，最具代表性的事件就是禁止鸦片贸易。鸦片的吸食在明末就已传入中国，但由于当时价格昂贵，尝试者人数极为有限。18世纪20年代，英国殖民主义者找到了一条发财之路，那就是向中国走私鸦片。当时朝廷认定西方货物包含着诱惑，因而采取限制的措施，限制的措施包括禁止以货易货。当时的官员们却随心所欲地认可允许进口的货物，且规定出口必须换回金银。由于英国人非常喜欢中国的茶叶，商人们必须用现银购买茶叶，在交易过程中会导致巨额逆差，而内地市场严禁外商涉足，有限的贸易额不足以弥补这个逆差。为了弥补这种逆差，商人们很快发现，官员们不禁止进口鸦片。产于印度的鸦片有暴利可图，官员们特别需要它来发财。

雍正敏锐地意识到鸦片的侵入祸国殃民，于雍正七年（1729年）下令禁止鸦片贸易，对从事鸦片贸易的人进行严厉处罚，处罚包括一百军棍、三个月戴枷囚禁、流放新疆直至处死。雍正禁止鸦片贸易，官员

们都能较认真地执行。福建漳州知府李治国全身心致力于查处鸦片贸易，同年，他在商户陈远家中查获鸦片三十三斤，拟处以枷号充军之刑。陈远申冤，说这是药用鸦片，不是鸦片烟，经巡抚刘世明交药店鉴别，确系医药用品，尚未制成毒烟，因此将陈远释放，将鸦片贮存藩库。通过这个案子，也可看出当时吸食者极少。

雍正在对外贸易的管理中，充分发挥了行商的重要作用，达到了"以商制夷"的目的，同时以官制商，官员通过征收关税协调管理贸易活动中的商人，同时也增加了财政收入。在限制外商的过程中，雍正所采取的某些措施也起到了一定的积极意义。雍正对西方人的活动非常警惕，极大地防止了侵略者和清政府内部一些腐败分子的勾结，避免了社会动荡，保证了清朝统治的稳定。尤其严禁鸦片贸易更是很好地保护了国人，遏制了鸦片贸易蔓延的趋势。所有这些措施既极大地促进了贸易的发展，同时也保证了清朝的安定。

西方人带来的商品都是来自海运，庞大的商船是运输的载体。他们不满清朝封海的禁令，希望多增加贸易港口，并开放内陆城市，对此，清朝统治者严词拒绝了。

明朝时期，鉴于东南沿海倭患日益严重，为了更好地管制国民，明代曾长期实行"片板不许入海，寸货不许入蕃"的海禁政策。清政府出于维护自己统治的需要，在初年实行了比明代更为严厉的全面海禁制度。

雍正即位后，两广总督孔毓上奏建议取消海禁令，允许商人出海贸易。雍正交廷臣讨论，隆科多坚决反对。雍正认为双方的观点都有道理，没有决定。雍正二年，再次讨论，廷议结论是仍然实行禁令，雍正此时也产生了倾向于海禁的意思。在沿海官员的一再请求之下，在沿海各地民众因生活困苦变生动乱的形势下，雍正经过反复权衡，于雍正五年（1727 年）三月原则上同意了解除海禁的建议。开放海禁之后，福建第一个取消了禁令，允许人们出海进行贸易。随后，广东也宣布开禁。从雍正五年冬到六年秋，从厦门出海的福建商船共有二十一艘。雍正六年七月底以前返回的商船有十二艘，载回大米一万一千多石，还载回燕窝、海参、苏木、牛皮等物。那些没有返回的商船是刻意留在了东

南亚，成为最早出去闯世界的华人。

雍正七年（1729年），浙江总督李卫也申请开放浙江海禁，他说广东、福建允许开禁了，与福建相邻的浙江，也受到影响，人民不得出海，也会有意见，甚或冒险违律出海，必出事端，既然出海于百姓于国家有益无害，也请浙江照闽粤一体贸易。李卫的请求也得到了雍正的批准。自此，东南广东、福建、浙江各省开禁，百姓可以出海进行贸易了。

在废弛海禁问题上，尽管雍正有严格的限制条件，但毕竟是开了海禁。与康熙朝的海禁相比，在对外关系和对外贸易上前进了一步，是一项有利于国计民生的明智行动。首先，扩大了百姓谋生的手段，不仅解决了沿海各地缺粮的困难，也活跃了国内的经济，促进了国内经济的发展。其次，有利于同南洋诸国政治、经济、文化方面的交流，维持了中国同东南亚诸国的友好关系。

当今东南亚诸国的华人众多，与雍正朝海禁开放的政策有很大关系。大量华人移居这些国家，促进了这些国家社会经济的繁荣，促进了中国和这些国家友好关系的进一步发展。

雍正就是这样一位继往开来的皇帝，将大清带入了辉煌的发展时期。

为了让更多的臣子和百姓了解自己，信任自己，他不惜自我解剖，将自己的人情世故公之于众。为此，雍正编写了一部书，他这样写道：自总理万几以来，宵旰不遑，求如曩时之怡情悦目，不可复得。然宁静之宰，不因物动，恬澹之致，岂为境移。此乃可以自信者。爰取向所采录，汇为一书，名之曰《悦心集》。

在《悦心集》一书中，雍正多次袒露心扉，抒发自己修身齐家治天下的理念和人生追求，他坦言道：朕平生澹泊为怀，恬静自好，乐天知命，随境养和。前居藩邸时，虽身处繁华，而寤寐之中，自觉清远闲旷，超然尘俗之外。然不好放逸身心。披阅经史之余，旁及百家小集。其有寄兴萧闲，寓怀超脱者，佳章好句，散见简编。或如皓月当空，或如凉风解暑，或如时花照眼，或如好鸟鸣林，或如泉响空山，或如钟清午夜，均足以消除结滞，浣涤烦嚣，令人心旷神怡，天机畅适。因随意采录若干则，置诸几案间，以备观览。

这本书所录，有庄语，有逸语，有清语，有趣语，有浅近语，不名一体。人有仕，有隐，有儒，有释，有高名，有无名，亦不专一家。总之，戒贪祛妄，屏虑释思，寄清净心，游欢喜地，言近指远，辞简味长，俯仰之间，随时可会。然而喧寂在境，而不喧不寂者自在心。往往迹寄清廓之乡，而神思萦绕；身处尘氛之地，而志气安舒；则见道未见道之分也。

书中提到，昔朗禅师以书招永嘉禅师山居，师答曰："未识道而先居山者，但见其山不见其道。未居山而先识道者，但见其道必忘其山。见道忘山者，人间亦寂也。见山忘道者，山中乃喧也。"

真真切切地说了那么多，雍正最后才说：旨哉斯言！知此义者，始可与读《悦心集》。他告诉众人，只有知道了这本书价值和意义的人，才可以读它。雍正借助《悦心集》，一是劝诫众位皇亲贵胄和天下臣民安分守己；二是表明他在逆境之中需要自我安慰、自我解嘲；三是为了表明自己"淡泊为怀""乐天知命"，说明他处理康熙朝遗留下来的朋党问题的必要性和合理性，以回答当时社会上存在的一部分官僚对他严厉政治的批评。

《悦心集》所收诗、文都比较短小，且多是一些喜爱大自然的情感流露或阅历丰富的人生体验，或赞美大好河山，或欣赏松、梅、竹风格，或劝喻世人勤勉清廉、抑恶扬善，直面人生、随遇而安。其中提出的"与天地太和元气浑然流行""屏虑释思，寄清净心"，与佛家超脱尘世的思想是相通的。诗歌的"悦心"，无非是要保持一种不为世俗所扰的静心。在这里，雍正把诗学与禅学结合起来。可以这么说，《悦心集》是雍正为证明自己继承康熙得位之正，问心无愧而编纂的一本书。

第十三章　大义觉迷

雍正对他无法彻底消除的朝野上下对其统治的反感乃至反抗，采取高压、严猛的做法。"忠我则臣，背我则敌，惟有治之以法而已。"这样的理念，不仅仅用在夺权争位的对手上，还推及到各个方面。而制造文字狱则是他对反对派极端报复的首选手段。

雍正统治中国期间，清朝对中国的统治逐渐牢固。有清一代，清政府禁止旗人从事农、工、商各业，当兵成为旗人唯一正当的职业。虽不事生产，但每月领饷，每季还领季米（每年四季发放）。太平时期，旗人不再以战为生，失去了尚武俭约的精神，生活开始奢侈堕落。从而导致了汉文化的正统性和清政权正统性的对立。汉族文人曾静、张熙受到吕留良华夷之辨思想的影响，不满满人的统治，开始寻找推翻清王朝的机会。

雍正六年，湖南人曾静经过仔细思考，他觉得汉人出身的川陕总督岳钟琪是"上马管军，下马管民"的封疆大吏，认为借岳钟琪的势力反清是一件有可能的事。于是，曾静派张熙前去投书岳钟琪劝他"反清复明"。

岳钟琪当时被朝臣同僚所诽谤，诬陷是年羹尧余孽。岳钟琪心中惶惧不安，正愁没有向雍正表明忠心的机会，便抓获张熙，上奏雍正，同时对张熙动刑拷问。张熙则是"拷打昏厥，坚不吐口"。岳钟琪便改变对策，礼待张熙，表示自己愿意与他联合反清。

张熙信以为真，供出实情。由此为线，雍正得知曾静等人为他定的十大罪状，即"谋父，逼母，弑兄，屠弟，贪财，好杀，酗酒，淫色，诛忠，好谀任佞"。曾静对雍正的这些指责多是从已被镇压的雍正诸弟允禩、允禟手下遣散的太监那里听来的。盛怒中的雍正沉住气，极力安抚岳钟琪。同时派刑部侍杭奕禄，正白旗副都统觉罗海兰到湖南抓捕曾静，并审理此案。曾静很快被抓捕归案。

这个文人没有气节，他很快便供出他的思想来源于浙江已故文人吕留良的观点，这一下子，雍正的精力便集中在吕留良身上。吕留良是顺治十年（1653年）中的秀才，后因悔恨猎取清朝功名，在康熙五年（1666年）弃掉功名。康熙十八年，当时的地方官员向朝廷举荐他，他誓死不就。第二年吕留良又被人举荐，他仍旧不理睬，因此名气很大，享有"东海夫子"之称。

吕留良对清朝不满，他还开办学堂，教育自己的弟子。他的著作中有强烈的反清思想，极力申明"华夷之辨"。因为吕留良这个坚定的立场，又因为他的理学家声望，所以当时有许多人投拜到他门下，大有"穷乡晚进有志之士闻风而兴起者甚众"之势。

吕留良死后，曾静继承了他的衣钵，到处宣扬他的思想。一个早就作古的顽固文人还有这么大的影响，由不得雍正不用猛刑对待吕留良一案。

雍正八年十二月，刑部提出了结案的议文。雍正将此议文交给各个省讨论，并下令焚尽吕留良的所有著书。雍正又命大学士朱轼等人批驳吕留良的著书讲义、语录。这案中涉及的人牵一挂五，拉三携四，他们的口供使受到株连的人多达几万人，牵涉的地域之广也无案可比。此案延续数年，最后判决将吕留良及其儿子、当时已故进士吕葆中，已故吕留良学生严鸿逵戮尸枭示；而将吕留良活着的儿子吕毅中、学生沈在宽斩首示众；吕留良和严鸿逵的孙辈送到黑龙江宁古塔给披甲人为奴，女的为军妓，男的为杂役。案中被牵连的黄补庵已死，妻妾子女给人为奴，父母祖孙兄弟流放三千里。而为吕留良著作刻书印刷的人车鼎臣、车鼎贲，以及与吕留良交往的人，收藏吕留良书籍的人，均被处死。

吕留良的门人有的被革去举人、监生、秀才功名，有的妻子被流放千里之外，吕留良学生的学生，吕留良的同乡也丢官的丢官，丧命的丧命。

由此开始，文字狱一起接一起，许多人家的家规，只要有不被允许的字，就有可能被人挑刺，告状。朝廷官员之间更是相互蓄积陷害、报复。父亲一句诗招来戮尸枭示的大祸，子女被流放边疆的事屡屡发生。刑部尚书的儿子因其诗文有"明月有情还顾我，清风无意不留人"字句，被说成"思念明代不念本朝"，最终作者被判大不敬律斩决。还有的拍马屁没拍到点上，反而成了文字狱的受害者，福建汀州范世杰批曾静赞雍正，不想被雍正误会了，而被说成造言生事，受到"若再多事，即治罪"的警告。

当时引发此案的曾静，张熙二人，在刑部侍郎杭奕禄等的审问下，曾静表示认罪，写了《归仁录》，表示悔过并颂扬雍正。张熙也极力吹捧雍正，希望能为雍正洗清罪名，被雍正重用。为留下活口为自己挽回声誉，雍正赦免了这两个人，让他们四处做报告，痛斥自己的严重错误，洗心革面，重新做人。

雍正觉得有必要为自己正名，可是单凭下圣旨根本说不清楚这些事，他决定写一本书，披露康熙死前到自己即位后发生的若干大事，让天下人做个见证，看看到底谁在撒谎。这本书的名字叫《大义觉迷录》，全书共四卷，雍正时官修，内收有雍正本人的十道上谕、审讯词和曾静口供四十七篇、张熙等口供两篇，后附曾静《归仁录》一篇。

《大义觉迷录》的核心内容提出并解决了两个雍正非常关心的重要问题。

第一个问题："清入主中原君临天下，是否符合正统之道？岂可再以华夷、中外而分论？"

第二个问题："朕到底是不是谋父、逼母、弑兄、屠弟、贪财、好杀、酗酒、淫色、诛忠、好谀奸佞的皇帝？"

在书中，雍正对曾静等人指责他的十大罪状进行了逐一辩解。随后，雍正刊版发行此书，并要求朝廷上下、地方官吏人手一册，还命曾静在全国各地巡讲时，现身说法朝廷之英明，雍正之伟大，得位之光明磊落，并痛斥自己误入邪教歧途云云。

曾静反清事件是雍正朝最重要的文字狱案，在当时也轰动一时，情

况复杂，牵连较广，雍正处理的方式也异乎寻常。虽然《大义觉迷录》的内容都经过精心挑选，远非曾静反清案件的全部材料，但这本书仍然是研究这一事件的宝贵第一手材料。此书是脱离汉人"自文化中心主义"的转折点，代表"一君万民"世界观的形成。雍正反驳汉人才是天下的正统统治者的依据主要有两条，即"文化的正统性优越性"以及"政治支配与主从关系"，特别是借由"天"之名强调政治的正统性。

奇怪的是，雍正死后，乾隆即位仅一个多月，便下令逮捕曾静、张熙，将曾、张二人解送至京凌迟处死，并下诏禁毁《大义觉迷录》，已颁行者严令收回，有敢私藏者罪之。因此《大义觉迷录》在其后一个多世纪中成为禁书，极少流传。日本留有存本，被稻叶君山引用于《清朝全史》之中。乾隆为什么要毁掉此书，至今还是个谜。

而自曾静、吕留良案后，雍正更进一步加强对思想的控制。雍正一朝，文字狱使文人明白一事：莫谈国事。

由于特务遍布，手下吏民一举一动都在雍正耳目的监视当中。这下弄得朝野肃然，谁都不敢欺诈雍正。官员们常在一起偷偷地议论，这些特务太厉害了，大概都是些飞檐走壁的家伙，不然他们怎么什么都知道呢？

《南亭笔记》（卷一）里说，某省新上任的巡抚颇有政声，有一天在家里与夫人女眷等玩接龙的牌戏，玩了两圈下来，忽然发现一张么六牌不见了，怎么找也找不着，没办法只好放弃了。没过多久，朝廷命令这位巡抚立刻来京，于是他便立刻赶到北京去见雍正。雍正也没啥大事，不过随便问了几句，然后就让他回去尽心尽责，保一方平安。正当这位巡抚叩完头要出去的时候，雍正突然又把他叫了回来，然后从怀里徐徐拿出一物，呵呵笑道："差点忘了，这是你家的东西，现在还给你吧。"巡抚定睛一看，顿时大惊失色，冷汗直冒，原来雍正给他的东西，竟然就是前些天打牌丢失的那张么六牌！

《郎潜纪闻三笔》卷四也记载了这样一个故事，说雍正丁未进士周人骥，以礼部主事前往四川视学，在那里干了三年，为官清廉，名声甚好。他去四川前，他的上级堂官给他推荐一个仆役，这人做事还算勤

敏，主仆相处甚安。

周人骥三年任满后，仆役数次请求先回京城。周人骥说："我马上就要回京复命了，不如我带你一起走吧。"仆役说："我也要回京复命啊。"周人骥一时不明白，心想你一个仆役复哪门子命，那人见他不解，便告诉他说："我其实是御前侍卫，是皇上特地派来伺候您的。您的政声甚好，我要先期回去禀报。"周人骥当时就被吓得半死，原来这个人是潜伏在身边几年的密探，幸好自己没做什么坏事！周人骥回京后，果然得到朝廷的褒奖，也算是个补偿吧！

雍正虽然已经即位，但是一直被世人谩骂和诋毁。他不惜扩大特务机构，监视天下百姓的喉舌，大肆屠杀文人，给自己留下"嗜杀""恶君"的恶名。

在雍正朝，每一个具有奏折资格的人都有权向皇帝密告自己的同僚、下级甚至上司；同时在他监视别人的过程中，自己也被置于别人的监视中。雍正并不忌讳谈告密，他标榜自己"朕励精图治，耳目甚广"。从现存的资料分析得知，他的耳目触角遍及全国各地。有以奏折制度为依托的明线，又有由特工所织成的若干暗线。

在军事上，雍正创立了军机处。雍正七年（1729 年），西北新疆战乱又起，大清王朝的庞大兵团，正向西北方的戈壁瀚海推进，讨伐准噶尔部。作为最高领导核心的雍正皇帝，需要时时与他的重要臣子们商议，但内阁设在太和门的文华殿前，离雍正居住的养心殿有相当一段距离，很不方便。何况，密集的军报要走公文途径层层转递，不仅效率低，保密性也差。为此，雍正下令，在隆宗门外设立一个专门的办事机构，这个机构就叫"军机处"，协助他处理西北军务。

四十三岁的怡亲王允祥、五十七岁的大学士张廷玉、六十岁的大学士蒋廷锡，大概没有想到，当他们三人走进隆宗门边那间极为简陋的小板屋时，将开启大清王朝中枢机构大变革的帷幕。此外，雍正还从内阁、翰林院、六部、理藩院等衙门官员中选择部分人员前来办事，不过所有这些人都是兼职，他们的升转仍在原衙门进行。

雍正刚建立军机处时军机大臣人数很少，只有三五人，后来多的时

候也仅十一人，成为一个精干的小团队。军机处设立之初，没有专门的官员。军机处也没有正式衙署，只有一间值班房，在隆宗门内，靠近雍正帝寝宫养心殿，以便于军机大臣被召见议事。召见时，雍正帝指示各项事件应如何办理，有时也向军机大臣询问情况，听取他们的意见，以做出裁决。军机大臣根据旨意，草拟文书。上谕形成后，不经过内阁，由军机处直接发给有关官员，提高了效率。

军机处刚开始组建的时候，雍正去军机处巡视，发现里面闹哄哄，原来许多大臣在此取暖，唠闲嗑。训斥了里面的官员一番，雍正又对门口站着的太监说："你到内务府传朕的旨意，在这个门口立一块铁牌。写上：无论王公大臣，贵胄勋戚，不奉旨不得在此窥望，更不得擅自入内！还有，立刻从乾清门侍卫中抽调人来，做军机处的专职守护；再到户部去传旨，选派六名四品以上的官员，到这里来做军机章京。要不分昼夜，在此轮值承旨。"

很快，军机处成为禁地，成为雍正掌控全国、加强皇权的特殊机构。

此后，在雍正的严厉督促下，军机处的工作流程日益严密。在通常情况下，军机大臣每日早五点左右进宫应召觐见皇帝，有时一天召见数次，主要是承受谕旨，然后回堂拟写。起先由大臣亲自主稿，后来才改由章京起草，大臣拟定。经皇帝认可后，按照谕旨的性质分"明发上谕"和"廷寄上谕"两种形式向下传达。

明发上谕指交内阁发抄，宣示天下。廷寄上谕因奏请而降旨，事属机密，由军机大臣直接密寄具奏人。廷寄需封入信函，交兵部加封，发驿驰递，根据事情的缓急，或马上飞递，即日行三百里，或四百里，或五百里，或六百里加急，一律由军机章京在封函上注明。封口及年月日处，加盖"办理军机处"印。如遇特别机密紧要的密谕件，则由军机大臣自行缮写封固，上写"军机大臣密寄"。这一套廷寄制度，减少了很多中间环节，大大加快了办事速度。除此之外，皆使领者（领取文件者）注明画押于簿中，谓之"交友"。这可谓保密责任到人了。

此外，军机处还实行了严格的归档保密规定。值日章京，凡所奉谕

旨，所递片单，均抄钉成册，按日递添，一月一换，谓之"清档"。凡发交之折片，由内阁等处交还及汇存本处者，每日为一束，每半月为一包。均责成章京检覆无讹，按季清档，月折及各种存贮要件，收入柜中，值日者亲手题封，谓之"封柜"。清军机处还设有专门的档案房，有专职的保密人员管理这些档案，由此而使军机处的保密工作做得非常之好，同时，为后代留下了许多难得的珍贵史料。

军机处官员互不统属，军机处自始至终都是"三无"机构——无编制、无定员、无预算，所有的人员都是兼职，从法理上看是一个长期存在的临时咨询机构。作为"三无"机构的军机处，实质上长期扮演着最高行政当局的角色。

在军机大臣中，允祥是一位重臣，因为身体健康情况不能从早到晚值班。张廷玉则是最得力的干将之一，也是最忙碌的一位，有时一日召见多达十余次，特别是在西北两路用兵期间，入值自晨至暮，有时甚至要忙碌到一鼓、二鼓，直到鄂尔泰内召充任军机大臣，张廷玉才稍微轻松一点。可见，勤政者并不是雍正一人。由于他们公务繁忙，雍正给了他们许多格外恩典，如每日入值的军机大臣、章京饭食，都由御膳房供给，满汉章京散值后可以去方略馆聚餐。这样，他们就会更加尽心尽力地去做事。

在国家机器的运作效率方面，军机处或许创下了中国历史之最，成为中国五千年来最为精简、扁平的政府机构：只有军机大臣、军机章京两层，有官无吏，"其制无公署，大小无专官"，甚至连办公场所都不称衙署，只叫"值庐"或"公所"。

军机大臣，通称"大军机"，正式称谓"军机处行走"或"军机处大臣上行走"，资格略浅者，称"军机处大臣上学习行走"，基本从大学士、尚书、侍郎中特简亲任，为兼职，保留原职实缺，无定员，无固定任期。首席称"领班"，末席则俗称"打帘子军机"——进出时给同僚们掀开帘子，待大家都进出后自己才跟在最后。

领班军机大臣，后常被人看做是大清宰相。根据军机处最初的工作流程，与皇帝商议政务、承旨起草谕旨等，一般都是领班军机大臣单独觐见，少数情况下才大家一起开会；从军机处转发出去的谕旨，也以"领班"个人署名，这的确是一人之下万人之上的宰辅，权大责任也大。

雍正所任命的这些军机大臣，他们原来的官职相差悬殊，从正一品到从四品都有，这就表明，雍正在选拔军机大臣时，官职不是必要的条件，而工作能力和与皇帝良好的私人关系才是最重要的。从这个角度来看，雍正在用人一事上，既体现了"惟用亲信"的思想，也体现了"不问出身，不拘一格用人才"的用人策略。同时，由这些亲信负责军国大事还有另外一个好处，即这些人绝对服从雍正，而又无政治野心、无权力欲望。作为军机大臣，他们的职责多是从事议事、鉴述、传达工作，虽有一定的权力，但却主要是秉承雍正的旨意办事，既没有议政处的决议权，又没有内阁的票拟权（票拟又称为条旨，它是阁臣根据皇帝所示旨意草拟敕旨，或对各部门各地方所上奏章提出批答意见，供皇帝裁决参考，经批红后颁示，因而具有相当的决策权力）。这样一来，雍正帝就从最大限度上加强了中央集权。

朝廷内阁虽然蜕变为纯粹的日常行政执行机构，被剥离了决策功能，但依然与军机处相互制衡：军机处有实无名，内阁有名无实，一个动口而不动手，另一个动手而不动口，口与手的分离，有效避免形成新的权力垄断；与军机处相互制衡的，还有"御前大臣"。御前大臣掌管了相当的财力、物力乃至军力，可算是真正的"内廷"，而军机处则相当于连接内廷与外廷的"中廷"。

根据清制，"军机大臣及御前大臣彼此不令相兼，所以杜专擅而防雍蔽"，这种大清特色的制衡机制，确保了军机处的权力不至于过度膨胀。可是大清还有一个典型的反面例子，就是和珅兼挑了军机大臣与御前大臣，形成了巨大的势力集团，当然这都是后话了。

前期为构建军机处付出精力最多的就是怡亲王允祥，他一边忙着军机事务，还要办好堪选泰陵陵址、兴修水利等事。过度的劳累让他的身体状况进一步恶化。

雍正八年（1730）正月初八，北运河青龙湾修筑减水坝，允祥想要去现场勘察已不可能，只好奏请将此事交与侍郎何国宗（清朝数学家）

督理监修。不久，允祥因病停朝，雍正经常派人至交晖园，就某事问怡亲王如何办理，这一时期，允祥仍然在参与政务。雍正对他"医祷备至"。允祥为了宽慰雍正，"旬月间必力疾入见"。当时，他对一同办理水利的下属说："本图遍治诸河，使盈缩操纵于吾掌之上，岂期一病沉废，已矣何言。"可是，三个月后允祥就因病去世了，这番话听来让人不胜感慨，其事业心之旺盛、责任心之强大可见一斑。

允祥病故时年仅四十四岁。雍正万分悲痛，在上谕中曾说："朕因忆吾弟怡贤亲王在日，八年以来诚心协赞，代朕处理之处不可悉数。从前与吾弟闲谈中，每常奏云，圣躬关系宗社至为重大，凡臣工可以办理者皆当竭诚宣力以代圣躬之劳，臣心实愿将己之年龄进献，以增圣寿。彼时闻之，深为不悦，以此言为非。今日回思吾弟八年之中辅弼勖襄，夙夜匪懈，未必不因劳心殚力之故伤损精神以致享年不久。且即以人事论之，吾弟费八年之心血而朕得省八年之心血，此即默默中以弟之寿算增益于朕躬矣。"

允祥对雍正朝的治绩助力甚大，遂得世袭罔替的许可，成为"铁帽子王"。雍正待他也非寻常，死后令享太庙，上谥号为"贤"，为了纪念他的功劳，下旨将其名"允祥"的"允"字改回"胤"字。这成为清一代臣子中不避皇帝讳的唯一一个例。

雍正是一个性如烈火的皇帝，如果任由熊熊燃烧，大清的江山也许会烧成一片灰烬。胤祥则是一个心细如发的肱骨之臣，他有战略眼光，行动力超强，善于用人，为雍正立下汗马功劳。可以说，没有胤祥，雍正不会取得如此出色的政绩，反过来讲，如果没有雍正的赏识和信任，胤祥一生也不会这么辉煌。他们相互成就了对方，难得的圣君贤臣。

第十四章　龙驭宾天

胤祥死后，雍正十分悲伤，也跟着生了一场大病，以至于六个月后都没有彻底康复。他一遍遍翻看胤祥作的诗词，大声吟诵，边读边落泪。哀叹中的雍正感觉到自己的身体也大不如从前了，长年累月批阅奏折，片刻不得闲，让他心力交瘁。这一场大病，一下病了半年多。为了早日康复，雍正重新关注起"养生""练气""打坐""禅修"等长生不老的方法。他要健康地活着，为大清再奉献烛火之光。

雍正担心自己死后，他的皇子们为了皇位再起争端，于是开始思考如何选择继承人。选储，是雍正留给清代的一份重要历史文化遗产就是建立秘密立储制度。清朝皇帝的继承人选择，康熙以前没有制度化。清太祖努尔哈赤死后，因皇位继承演出大妃生殉的悲剧，害得多尔衮从小失去母亲；清太宗皇太极死后，尚未入殓，几乎演出兵戎相见的惨剧；清世祖顺治死后，仓促让一位八岁的孩童玄烨继位，大清出现一位英明的君主康熙实属幸运；清圣祖康熙死前储位迟迟未定，才演出了胤礽等兄弟骨肉相残的悲剧。大清皇朝，是家天下，用什么办法在家族内确立接班人，是清朝建立一百多年所没有解决的问题。用嫡长制？虽可以避免兄弟之争，但不能保证选优。明亡教训，已是前车之鉴。用太子制？康熙失败的教训，雍正已经亲历有切肤之痛。怎么办？雍正想出一个办法，既预立皇位继承人，又不公开宣布，这就是秘密立储。即将传位诏书一式两份，其一置密封锦匣中预先收藏于乾清宫"正大光明"匾后，其二收藏在自己的密室里。这是建储制度的一项重大创新。其积极的方面是，既有利于在皇子中选优，又避免皇子们争夺储位，相对地保证了皇位的平稳过渡。

钦定了继承人之后，雍正彻底放下心来，开始考虑如何调养一下自己的身体。当上皇帝后，胤禛即罢鹰犬之贡，表示自己不事游猎，这和康熙动不动就出巡或围猎几乎是判若两人。他不巡幸，不游猎，日理政事，终年不息。他除了去过河北遵化东陵拜祭过数次外，十多年里就没怎么出过北京城。最开始的时候，雍正是怕允禩等政敌发动变乱，后来政局稳定后，他也没有出游，主要原因还是政务繁忙，根本没时间出去享受。

雍正一生中最大的"挥霍"，就是扩建圆明园。这还是因为他怕热，夏天的时候可以去园林里避暑并办理公务。雍正处理朝政，从早到晚，寒暑不断，年年如此，几乎没有停息，事无巨细从不假手于人。遗憾的是，正当雍正政绩卓然，国家改革已见成效的时候，他自己的身体却累垮了。也许是因为受到胤祥去世的影响，雍正的头经常痛，心口发闷，呼吸不畅，睡觉的时候经常惊醒，身体各脏器也不舒服，尤其是肝不好。太医开的药总是不见成效，有些烦躁的雍正便自己给自己开了一剂良方——炼丹、服丹。

自古以来，凡是幻想长生不老的帝王，大都迷恋"神丹大药"。从汉武帝命炼丹家炼化"益寿""不死"的黄金器具，到东汉末年的曹操遍招天下方士习练"养性法"；再从隋文帝指派人"合炼金丹"，到唐太宗李世民服食古印度方士的长生药"暴疾不救"，再到明宪宗以丹纵欲"气伤龙脉"而暴亡……一朝又一代的封建帝王对道家的丹术走火入魔。

当然，炼丹也有好处。隋文帝的时候，提倡合炼金丹。合炼金丹就是把一硫、二硝、三木炭往里一搁，然后煅炼。最后炼出来的却不是金丹。那是什么？火药。只是因为想长生不老，结果却炼出了火药，这也算是炼丹的副产品。可惜中国没有把火药技术发扬光大。

清朝的雍正皇帝，可算是中国古代史上最后一位迷恋丹药的皇帝了。问题在于，他最早是从什么时候开始爱好上这个的呢？据史料记载，早在当皇子时期，雍正就对炼丹产生了浓厚的兴趣。为什么他会对炼丹产生浓厚的兴趣呢？原因有以下两个方面：第一，为追求长生不老；第二，做样子给康熙老爷子和众皇子们看，自己无心争位。他曾写过一首《烧丹》诗："铅砂和药物，松柏绕云坛。炉运阴阳火，功兼内外丹。"从中可以看出，雍正对炼丹有了相当的研究和兴趣。

等到雍正做皇帝后，依旧对炼丹兴趣不减，并在宫中蓄养了一些道士专门为他炼丹。

清宫《活计档》是专门记载皇宫日用物品的内务府账本，里面披露了雍正炼丹的一些情况："十一月十七，内大臣海望和太医院院使刘胜芳一同传令：往圆明园秀清村送去桑柴七百五十公斤，白炭二百公斤。十二月初七，海望、刘胜芳传令：往圆明园秀清村送去口径一尺八寸、高一尺五寸的铁火盆罩一件，红炉炭一百公斤。十二月十五，海望、刘胜芳和四执事执守侍监李进忠一同传令：往圆明园秀清村送去矿银十两、黑炭五十公斤、好煤一百公斤。十二月二十二，海望和李进忠又一同传令：圆明园秀清村正在炼银，要用白炭五百公斤、渣煤五百公斤。"

档案中提到的秀清村位于圆明园东南角，依山傍水，是一个进行秘事活动的好地方。根据档案记载，在一个多月的时间里，往秀清村送的木柴、煤炭就有两千多公斤。清代皇家宫苑取暖做饭所用燃料都是定量供应，并有专门账本，从不记入《活计档》。同时，操办这件事情的海望是雍正心腹，刘胜芳则是雍正的太医院院使。而档案中的"矿银""化银"等，是炼丹所用必需品。

从雍正八年到十三年这五年间，雍正先后一百五十七次下旨向圆明园运送炼丹所需物品，其中光为炼丹用的煤炭就有二百多吨，此外还有大量矿银、红铜、黑铅、硫磺等矿产品，由此可以想见几年间秀清村炼丹的辉煌情景。

雍正极力推崇金丹派张太虚和王定乾的炼制方法。张太虚和王定乾没有辜负雍正的期望，他们真的炼出一炉又一炉所谓的"金丹大药"。雍正特别赞赏他们发现了金丹要领，他经常吃他们炼制的一种叫"既济丹"的丹药。

雍正吃了道士炼制的丹药后，自我感觉良好，所以他不但自己吃丹药，还拿出一部分赏赐给亲信官员。在雍正十二年三四月间，雍正曾经

两次赏发丹药，对此《活计档》里是这样记录的：三月二十一，内大臣海望交丹药四匣，按雍正旨意，分别赏给署理大将军查郎阿、副将张广泗、参赞穆登、提督樊廷等四位大臣。四月初一，内大臣海望交丹药一盒，按雍正的旨意，用盒装好赏赐给散秩大臣达奈。这两次赏赐旨意都是从圆明园来的帖子传发，又是内务府总管海望亲手交出。由此可知，这些御赐"丹药"，就是在圆明园的御用炼丹炉里炼制的。

雍正丹药吃了以后有什么效果？他感觉到吃完了浑身都舒服了，精力旺盛，能工作至深夜而不疲惫。他感觉这些丹药的确能让自己重新焕发活力，找到年轻二十岁的感觉。他每天都服用数枚丹药，为了追求效果，甚至不惜加大服用数量。事实上，炼丹所用的铅、汞、硫、砷等矿物质都具有毒性，对大脑和五脏侵害相当大。雍正自己感觉不到其危害，实际上这些重金属已经严重侵害了他的五脏六腑。由于丹药强大的刺激神经效果，他反而显得神采奕奕，面色红润。殊不知雍正已经走到了穷途末路。只需要一只蚂蚁，他健康的天平就会瞬间倾斜。

雍正十三年（1735 年）八月九日，《活计档》中曾记录："总管太监陈久卿、首领太监王守贵一同传话：圆明园要用牛舌头黑铅二百斤。"黑铅是有毒金属，过量服食可使人致死。一百公斤黑铅运入圆明园，很快就被两位炼丹师入药，在丹炉上大火熬炼。不久，新式丹药炼成，炼丹师兴致勃勃地向雍正进献丹药。雍正服用后，感觉甚爽，龙颜大悦，重重赏赐了炼丹师。

雍正在八月十八日接见了办理苗疆事务的大臣们；二十日又接见了宁古塔将军咨送的补授协领、佐领人员。如此看来，雍正在二十一日发病前似乎身体状况良好，不然的话他没有必要接见这些不甚重要的官员。

雍正十三年（1735 年）八月二十一日，雍正身体忽然不适，感觉腹内空虚，腿肚子发颤，双手有些痉挛。他不以为意，依旧照常上班办公，还接见大臣们。

八月二十二日的时候，雍正便挺不住了，他让儿子宝亲王弘历（乾隆）同和亲王弘昼前来照顾。两位皇子悲痛不已，哭得不成样子。

到了晚上，雍正就不行了，嘴里往外倒气，眼看着一刻不如一刻了。雍正面色沉重，他命令太监传旨，将诸王、内大臣和大学士们等人都召到寝宫。

根据《清实录》的记载，作为当时突发事件的见证人，顾命大臣大学士张廷玉在他的《自订年谱》中描绘了这一事件的详细过程。他说在八月二十日的时候，雍正就感觉有点不舒服，但"犹听政如常"，当时作为军机大臣的张廷玉也是照常进见，没有间断。这是张廷玉亲自所见，颇为可信。

可就在八月二十二日晚上漏将二鼓（晚上九点到十一点）的时候，张廷玉本已脱衣上床睡觉了，突然家门口有人"咚咚"砸门，似乎有什么事情急如星火，张廷玉慌忙披上衣服出去看是怎么回事。开门一看，原来是雍正的贴身太监，急宣张廷玉火速进宫。

张廷玉不知道发生什么事情，当时也顾不上想那么多，就匆忙赶到雍正所在的圆明园。此时门口已经有几个太监在那里焦急等待，他们一见到张廷玉，便直接将他带到雍正的寝宫。张廷玉一见雍正，"惊骇欲绝"，这才发现白天还好好的雍正，到了晚上竟然已经"上疾大渐"，快不行了！

随后，庄亲王允禄、果亲王允礼、大学士鄂尔泰、纳亲、内大臣海望等人先后赶到。当时只见御医们进进出出，在不停地奔忙。众人向雍正御榻前请安后，雍正只交代了数句，就在一片慌乱当中，于子夜时分魂归西天。

雍正龙驭宾天了。当时弘历"趋诣御榻前，捧足大恸，号哭仆地"，众大臣和太监们也大作哀声。

雍正驾崩后，在一片混乱中，鄂尔泰想起两年前雍正曾跟他和张廷玉说过传位遗诏的事情，他见大家都在痛哭，心想老这么哭下去也不是办法，国不可一日无君，于是他便拉起张廷玉，对众人厉声道："现在不是哭的时候！大行皇帝曾和我两人说过有两份传位密诏，一份就在宫中正大光明匾的上面，另一份应该在大行皇帝的密封件当中。现在事不宜迟，应该马上请出来！"

庄亲王允禄和果亲王允礼这才醒悟过来，急命总管太监将遗诏全都请出。那总管太监吓得要命，慌忙跪下说："密封件大行皇帝并无交代，奴才实在不知道密诏所在！"

张廷玉想了一下，说："大行皇帝密封之件，也没有多少，外面用黄纸封住、背后写有'封'字的那份就是！"

太监们急忙按张廷玉说的特点去找，不久便找到那份密封件遗诏。两份遗诏放在一处，众人将它们一起打开，上面写了许多文字，在遗诏的末尾，清清楚楚地写着"传位给弘历"的文字。在皇位继承问题解决后，鄂尔泰捧着遗诏，急匆匆地从圆明园赶往紫禁城安排弘历登基和雍正的后事去了。

夜色中的圆明园，雍正的遗体像他十三年前去世的皇阿玛康熙一样，孤零零地躺在龙床上，无论多么辉煌的功绩，无论多么伟大的思想，无论多么强大的权力，此时都如薄雾消散，只留下后人饭后谈资。

雍正死前身体状况比较正常，并无任何征兆。他的死因只能是下面两种原因的结合：一是服用丹药中毒而死；二是过分劳累导致的猝死，如中风、脑溢血或者突发心脏病等，即现在所谓的"过劳死"。

雍正长期服食丹药，丹药的有毒成分在他体内长期积累，最终发作，导致了他的暴亡。数年下来，雍正的身体健康已经不如从前，那些丹药之毒更是深入骨髓，再加上他生活没有规律，不注意休息，导致过度疲劳，使血压升高、动脉硬化加剧，进而出现致命的病情，最后油尽灯枯。

可惜的是，这位伟大的君王，一位锐意进取的大改革家，一位承前启后的担当者，让大清闪耀世界光彩的皇帝，就此逝去，留下后人唏嘘不已。

雍正的继承者——乾隆接过了他的皇位，继续开创被后人誉为"康乾盛世"的时代。事实上，若不是雍正一改康熙晚年的弊政和颓势，并为儿子奠下了强盛的根基，又哪来乾隆六十年繁盛江山？要是雍正能多做十年皇帝，断不会比康熙和乾隆逊色，正如学者杨启樵认为："康熙宽大，乾隆疏阔，要不是雍正的整饬，清朝恐早衰亡。"

古今将相在何方？荒冢一堆草没了！是人终归是要死的，皇帝也不例外。雍正死后，葬在河北易县泰宁山太平峪（今清西陵）的泰陵。

泰陵是雍正的陵墓，是清西陵中建筑最早、规模最大、体系最完整的一座帝陵。由于雍正在西陵首建泰陵，从而产生了"昭穆相间的兆葬之制"。原由是雍正皇帝首先在西陵建陵后，其子乾隆认为如自己也随其父在西陵建陵，就会使已葬于清东陵的圣祖康熙、世祖顺治受到冷落；如果在东陵建陵，同样又会使其父雍正皇帝受到冷落。为解其难，乾隆皇帝定下了"父东子西，父西子东"的建陵规制，称之为"昭穆相间的兆葬之制"。

雍正死后埋葬的泰陵，山环水抱，景色极佳，的确是一块风水宝地。可惜的是，民国后泰陵也遭到相当程度的破坏。由于清东陵和清西陵大都被盗，当时泰陵地宫也一直认为早被盗过。1980 年的时候，国家文物局批准对泰陵地宫进行清理发掘，但在挖掘过程中，考古人员沿着盗洞口下挖了两米之后，发现盗洞只挖了两米，下面是原封土，这证明泰陵地宫并没有被盗过。有关专家发现这个情况后，急忙向上汇报，国家文物局便叫停了这次发掘，并重新把琉璃影壁下的盗口砌死，恢复原状。雍正是幸运的，在清朝的那些皇帝里面，唯有他和他的后妃们仍然躺在完好如初的泰陵地宫里，两百七十年来，没有受到任何的干扰。

雍正在位十三年，进行了多方面的社会改革。他大力澄清吏治，使雍正一朝官员两袖清风，勤于政务；他实行"摊丁入亩"制度，将千百年来人们直接交纳的人头税改从土地税中征收，使贫穷人民不再有人口税的义务；他制定"耗羡归公"政策，把明朝以来的官吏私征火耗，制约在一定程度以内，以减轻人民负担；他推行"改土归流"方针，克服西南地区自元明以来土司制带来的政令不一的弊病；他实施开豁贱民的政策，使沉沦数百年的"贱民"不再遭受不应有的歧视和打击；他还有健全密折制度，清查亏空，设立军机处等举措。可以说他是勇于改革并取得相应成就的君主。他的改革从施行之日起，直到今天的两个半世纪中，不时地为人们所议论。

　　大改革家雍正皇帝在世时，人们对他的改革当然不敢公开诋毁，窃窃私议则时有发生。如针对经济改革和惩治贪婪官员，有人说："朝廷惩盗臣而重聚敛之臣"；说雍正帝"好抄没人之家产"，因此借打牌的名称，讽刺是"抄家和"；指责雍正帝本人有"爱银癖"。有的人不敢直接指责皇帝，则把矛头指向积极推行改革政策的大臣，如怡亲王胤祥、河东总督田文镜等人，说他们"过于苛刻"，"祸国殃民"。这些是雍正朝反改革派的评论，对改革持否定态度。

　　雍正死后，人们可以对他的一生作总结性的评论了，而且忌讳也不像他在世时那样多。乾隆在即位半年之际说康熙"久道化成，与民休息，而臣下奉行不善，多有宽纵之弊"，雍正"整顿积习，仁育而兼义正，臣下奉行不善，又多有严峻之弊"。肯定了雍正针对康熙朝的"宽纵之弊"所进行的改革，批评实行中的过火行为，即对雍正的改革有褒有贬。有官员认为雍正"乾纲英断，励精剔厘，中外风飞，雷厉管摄，震动八极"，所以才有鄂尔泰、杨文乾等督抚"刚正率属下，决壅锄奸，毋避豪贵嫌忌"，对雍正推行新政作了讴歌。嘉庆帝对雍正的改革作了如下的概括："世宗整纲饬纪，立政明伦。"把改革作为雍正一朝政治总纲予以称道。

　　学者章学诚认为："康熙末年积弊，非宪皇帝不能扩清至治"，对雍正帝的改革推崇备至。刘法曾在《清史纂要》一书中谓雍正帝"力矫康熙季年之倦弛，而一一提振精神，扶持纲纪，虽未免伤于苛刻，亦专制时代之雄主矣！"肯定改革，褒多于贬。柴萼在《梵天庐丛录》里写道："清代史事，以康雍乾三朝为中坚，而雍正时之振刷尤为一代特色"，对雍正朝的振新予以美言。孟森对雍正帝的改革作了较详细的论述，指出"世宗承圣祖宽大之后，综核名实，一清积弊"；又评其人，说："自古勤政之君，未有如世宗者。""其英明勤奋，实为人所难及。"上个世纪八十年代以来，评论雍正帝及其朝政的论著日增，许多学者明确地认为雍正是有成就的改革家。

　　这几年不断有学者建议将"康乾盛世"称为"康雍乾盛世"。这表明了世人对历史的评价越来越公正，越来越客观，越来越理性，对雍正的卓越成就和超凡智慧，对他的改革团队、执政团队奋发进取的实干作风，不能不肃然起敬！